日々更新。

風通しよく年を重ねていくこと

引田かおり

ポプラ社

はじめに

もっともっとしあわせになりませんか。

「私にはこのくらいがちょうど良いんだ」と、消極的に納得したりしないで、自分をしあわせにするために、今すぐアクションを起こしましょう。

まず、自分のことをもっと気にかけてください。


何をしているときがしあわせですか？　ご機嫌なのはどんなときですか？

優しい女性たちは、いつも自分をあとまわし。家族のため、仕事のため、社会のため……とエネルギーを自分以外のことに使ってしまいがちです。それは本当にすごいこと。

けれどもみんなもっともっと、自分を大切にしたほうがいいと思います。


花粉や黄砂が飛び交う春、湿度の高い梅雨が過ぎると、命の危険を感じる夏の日差し、年々短くなる秋も雨ばかり、そして長い冬がやって来ます。

日本の季節の移り変わりを考えただけでも、我慢強さが身につくはずだ……と納得してしまいます。

どこにいても、いつ大きな地震が起きてもおかしくない。

台風や大雪、災害に見舞われることも、決して他人事ではありません。

今生きていること自体が、奇跡かもしれないのです。

だからこそ自分を大切にして、愛で満たしたいと思います。そういう意識でいると、
満ちてあふれたものをごくごく自然に人に差し出すことができる、大きな力に変わるんです。

自分が枯渇してしまっていると、「何で私ばかりがこんな目に」と、
世の中や他者が恨めしく、負の世界に引きずられてしまいます。
正真正銘ネガティブだった私も、身近にいるポジティブな夫を手本に、
「私はツイてる!」「私ってラッキー!」と思ったり言ったりしていると、
現実も少しずつそうなってくるから不思議です。
ずっと「欲しい」と願っていた自己肯定感だって、最近は右肩上がりです。
「練習」を続けていくことで、ここまでポジティブになれました。

私が自分を大切にする方法は、四季を存分に肌で感じてみること。

節分に豆をまいて福を呼び込み、恵方巻きを食べて無病息災を念じましょう。

6月の6がつく日に紫陽花を飾って、厄を払いましょう。

先人たちが残してくれた知恵や工夫で、自分をしっかりと守りましょう。

家をできる範囲で気持ちよく整えて、不要なものは潔く手放しましょう。

旬のものを「美味しいなあ」としっかり感じて食べ続けていると、自然と気持ちや体が整っていきます。

その感覚を今一度思い出したくて、今回の本では、四季を通じて私の暮らしをご紹介しました。

季節を楽しむ料理と花生けを、年下の友人たちに教わりました。

もともと謙虚な国民性である私たちは、
もう少しわがままになったほうがいいのかもしれません。それは「強欲」とはまったく違う質のもの。
だってしあわせって、まわりに移って広がっていくものなのですから。

わが家は全員、血液型がB型です。傾向として自分が主人公、意思や意見がはっきりあります。

価値観や習慣が人と違っても気にならないし、ほぼ「忖度できない人種」と言っても過言ではありません。

そういう家族を見ていると、山あり谷ありでも自分で決めた人生なので、清々しくて気持ちがいい。


先日、面白い話を聞きました。美味しいビストロのシェフの話ですが、日本の厨房は上下関係が厳しく、私語厳禁みたいな空気感があるそうです。

ところがアルゼンチンからやって来たシェフは本当に楽しそうに調理するのだそう。

口笛吹いて、歌いながら、何なら踊りながら。しかもそれでいてとびきり美味しい料理を作るのを見て、
今までの価値観がガラガラと音を立てて崩れたそうです。

自分が我慢を重ねていると、相手にも我慢を強要するようになってしまいます。

努力して、実力をつけた大人が、無邪気に楽しそうにしているのって最高だと思いませんか。

20代のみなさん　さあこれからいっぱい勉強して、なりたい自分を目指しましょう。
30代のみなさん　仕事や結婚は、思ったより大変かもしれませんが、笑顔でいてください。
40代のみなさん　転職や引っ越し、結婚や離婚、独立や起業など、
人生の岐路に立っていたら、ご自分の気持ちに正直に、思い切って決断しましょう。
50代のみなさん　キャリアも積んで、少し余裕ができた頃ではないでしょうか。
私は60代の半ばに差し掛かります。60代以降はしっかり自分を褒め称え、
優雅なわがままさを身につけて、好きに生きていきましょう。

楽しそうにしている人に会いたくなります。嬉しそうにしている人の話を聞きたくなります。

そんなことを考えながら、本を書きました。お楽しみいただけたら幸いです。

日々更新。

もくじ

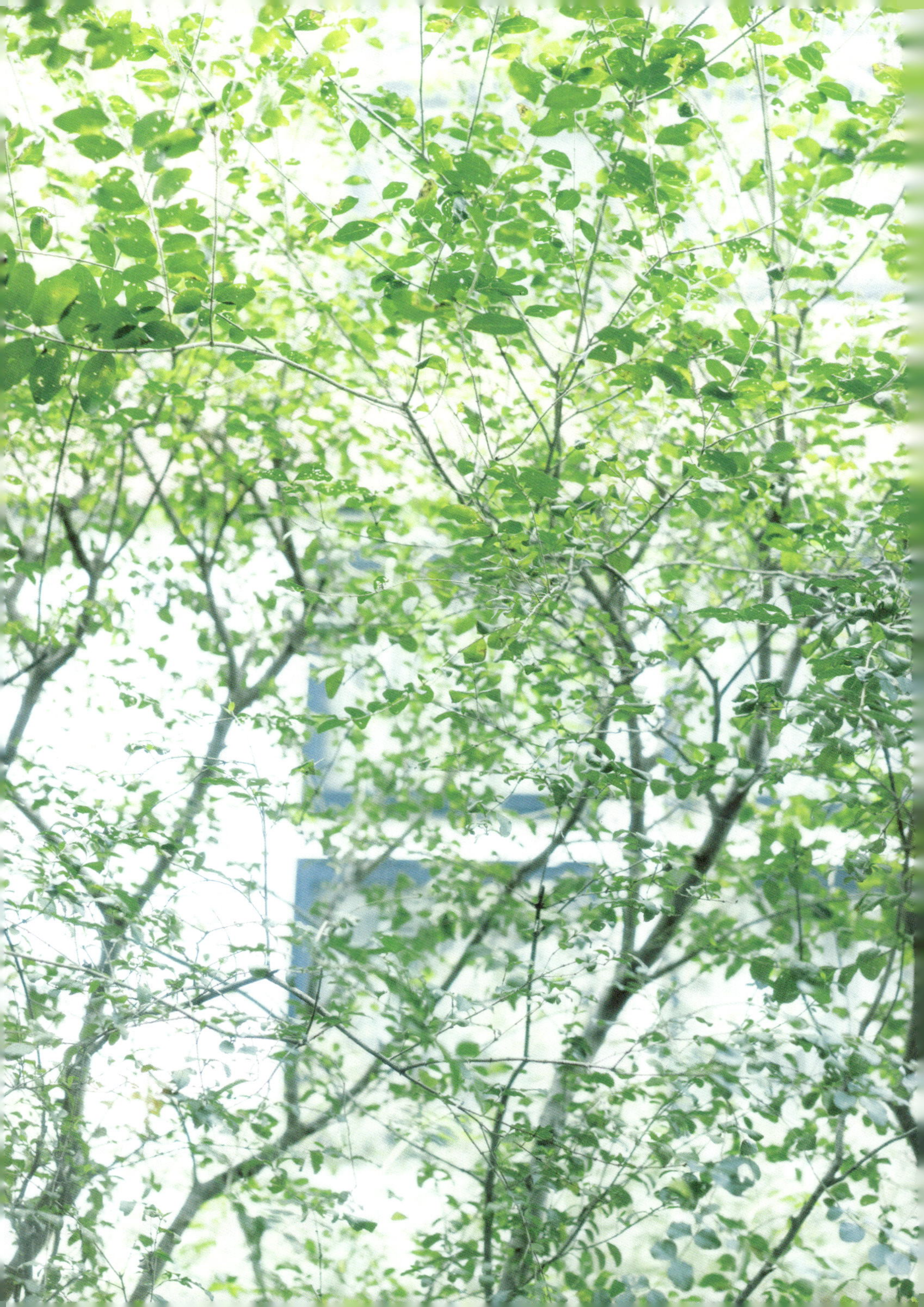

キラキラな自分になるために

「最近、何だかキラキラしているなあ」と思っていたら、「彼氏ができました」と年下の友人から嬉しい報告。長年の経験から申し上げますと、彼氏をつくるのも結婚するのも、彼女たちの「絶対にしあわせになる」という強くて固い意志が、実現をググッと引き寄せていると思います。奥さんの存在を隠していたとか、長い間独身なのには訳があったとか、40代からの恋愛には若い頃とは違った危険がいっぱい。そんな障害物競走を走り抜け、奇跡の出会いをした友人がたくさんいます。

恋愛に限らず、みんなキラキラしてほしい。「生まれてきて良かった」という人生を歩んでほしいと思うのです。もちろん恋愛だけでなく、仕事が楽しいとか、子どもが可愛いとか、ごはんが美味しいとか、キラキラの源はいっぱいあります。そしてこれらすべて、キラキラは「自分の選択だ」ということをしっかり肝に銘じて生きてほしいと思うのです。

私の人生前半は、全然キラキラなんてしてなくて、いつもふつふつと湧いてくる怒りを抱えていました。高校生の頃に実家の商売が立ち行かなくなったときも、「私は迷惑かけないように頑張ってきたのに、大人のくせに何やってるのよ」って。ここから始まる負の連鎖に巻き込まれそうな不安と一緒に、どこにぶつけていいのか分からない大きな怒りに包まれていました。

運良く結婚という形で新しい扉が開きましたが、怒りの矛先が今度は夫に変わっただけでした。今で言うワンオペで日々の家事や育児をこなしながら、怒りのマグマにはふたをして、「いい妻とは?」「いいお母さんって?」と孤軍奮闘、当時を振り返ると「我ながらよく頑張ったな」と感心します。

そうなのです、帰れる実家やひとりで生きていく経済力がなかったことが、かえって良かったのです。そうしてどうしようもない怒りや悲しみに包まれた日々を過ごす中で、ようやく「これは全部、自分の心の問題なんじゃないか」と気づくことができるようになったのです。彼氏ができたから、結婚したから、しあわせになれるとは限りません。人生を人任せにしていては、決して心の底からしあわせを感じることはできません。しあわせになるかどうかは、本当に自分次第なのです。

キラキラがそう長くは続かないように、生きていればいろんな問題や試練に襲われるもの。そんなときに「自分で決められる私」になっていれば、ゼロになっても、マイナスからの再スタートでも、必ず人生を再構築できます。

今まさに、人生が思い通りにならないことだらけなら、それは本当にチャンス。自分がどうしたいのか、どうなりたいのか自問自答し続けてください。どんなに長いトンネルだったとしても、あきらめなければ必ず出口があるはずです。私たちの人生を自分らしく生きて、一緒にキラキラ輝きましょう。

ジタバタしつつ自分のご機嫌をとる

玄関を拭いて、スッキリ暮らしていても、不安や心配は尽きません。小さなことから大きなことまで、結構ビクビク生きています。「どうせみんな死ぬのは同じ、それなら死なないような気持ちで生きてみる」と、強がったことを思っていても、いつ死ぬのか、どんな死に方をするのか、考え出したら恐怖の沼にズブズブとハマってしまいそうです。

90を過ぎた父も長年「治療や手術は結構です」と、なるほど私の理想の老人かと思いきや、ここにきて夜中に息が苦しかったりするらしく、「手術をしようかな」と言い出しました。人間はそういうもの……ということかもしれませんね。いくつになったって、「もう充分生きた、みなさんご機嫌よう、さようなら」と潔く旅立てる人なんて、ごく稀なのではないでしょうか。偉そうな文章をいっぱい書いて、取材していただいたり、本を出したりしましたが、これから相当ジタバタしてカッコ悪い私になりそうで怖いです。

老いも死も、地震だって本当に怖い。でも何がいつ起こるか分からない未来を、心配して過ごすのも1日、「なるようになる」と備えつつ（ここ大事です）、笑って過ごすのも間違いなく同じ1日なのですよね。ならば「やれることはやった」と、自分が納得するしかないと思うのです。

何となくモヤモヤするのは、「これで良かったのだろうか？」と納得できないとき。「やれば良かった」と後悔するのがいちばん嫌いなので、ピンと来たら即行動に移します。「こんまりさん」こと近藤麻理恵さんの本を読んで、ピンと来たので玄関を拭くようになりました。やましたひでこさんの本を読んで、ピンと来たので今まで以上にものを潔く手放すようになりました。教えてもらった新月の願いごとだってかれこれ10年以上は続いています。他にもやってみたり、やめてしまったり……日々更新しています。

年をとると、気力が萎えます。体力も落ちるけど、今までバランスをとってくれていた数十種類のホルモン分泌が激減するのが現実です。極端な不幸が描かれる映画やドラマ、物語を見たり読んだりする力も衰えました。体力とホルモンで平常心を保てていたのですね。今はユーモアあふれる、ハッピーエンド限定。不足するものを補いながら、美しいもの、美味しいもので自分の機嫌をとる毎日なのです。

最近のヒットは「町田シナモン」。東京町田市で作られているシナモンの皮を煮出した飲み物ですが、シナモンには代謝を上げ、血液をサラサラにする効果があるそう。まさに私が必要とするふたつの効用なので、毎朝の紅茶に入れて飲んでいます。

「新しい扉を開ける勇気がある」「何だか毎日楽しそう」。そんな風に言っていただくことも多いのですが、実際はみなさんと同じように、毎日ジタバタしながら「今日も無事に過ごせますように」と祈りながら生きているのです。

やらないけど たまに見る インスタグラム

素敵な人、面白い人のインスタグラムを見るのは楽しいですね。「さあ、食べましょう」というタイミングで、みんなが携帯で写真を撮ることがどうも苦手なので、私自身はインスタグラムをしていません。でも見るのは大好きなんです。

やや時代遅れな私がやっているのは、夫と一緒につづる「ふたりの光年記」というブログですが、気ままに更新しながらも、何かを発信する喜びや、「見ています」の言葉が励みになることは知っています。「言いたい」「聞いてほしい」「できれば共感してほしい」そんな欲求は、みんなが持っているものかもしれませんね。それと同時に、膨大な情報を受け取れる時代になったことは間違いありません。

「いいなあ」と思っている人が友人を紹介している、その友人のインスタグラムを見る。そうやって、まったく知らない誰かの日常をときどき見させていただいています。ヘア&メイクアップアーティストの山本浩未さんが年を重ねた人たちに向けて、ビューティに関するインスタライブをやってくださっています。それを見ていたら、神戸のご友人が登場していました。そのご友人・寺谷真由美さんは芦屋でサロンを経営されていて、ご自身が欲しいと思うヘアケア商品の開発・販売もしていました。もちろん、詳しい使い方の説明ライブつきです。

頭の形が私と似てるせいなのか、髪の悩みも共通する点がいっぱいで驚きです。早速いくつか取り寄せてみたところ、どれもとっても良くて感激。ご本人も本当に素敵なので、ことあるごとに知り合いの編集さんに「素敵な人見つけました」ってお伝えしました。それから巡り巡って寺谷さんのもとに取材依頼がいき、ピカピカの笑顔が誌面に登場しました。

その後寺谷さんは糸を手繰り寄せて引田に辿り着き、上京の折にわざわざ吉祥寺の私を訪ねてくださったんですよ。初対面とは思えないほど話が弾み、他人とは思えない共通点の数々。寺谷さんのお嬢さんが私の本で、玄関を掃除中の私の姿を見て「ママかと思った」と言われたそうです。

オープンマインド全開の寺谷さんはインスタグラムを通して、みんなの頭皮、髪質の改善、ヘアスタイルやメイクでもっともっと素敵になれる提案を続けていらっしゃいます。インターネットの向こう側にいる人たちに惜しみなく愛を送り続ける彼女は、その向こう側の不特定多数の人たちを間違いなく信頼しています。SNSというツールは、ときに厳しいご意見や否定されることもないとは言い切れない世界だと思います。でも、それさえも包み込んでしまう、パワーのある女性だと確信しました。

年下だけど学ぶことがいっぱい。ドキドキするような出会いもいっぱい。たとえ自分のアカウントを持っていなくても、インスタグラムというツールが、私の世界を広げてくれたことは間違いありません。

季節の行事ごとは楽しいことを少しだけ

久しぶりのカラオケで大いに盛り上がり、途中疲れていたダンナさんが寝てしまうも、それから2時間歌い続けた……娘の話です。「よくそんなことができるなあ」と呆れながらも、自分の欲求を通せる娘が実はうらやましかったりするのも本当のところです。

何でもふたりで協力する娘夫婦は、仕事も遊びも家族単位。関西の百貨店に出店する催事も、現地の保育園に子どもたちを短期で預けて、会期を乗り切りました。多忙な両親のもとに生まれた子どもたちもそれなりに両親を尊敬し、小さいながら協力体制が身についてて成長しています。「そろそろ七五三だな」と気を揉んでいても一向に準備する気配はなく、雛祭りも七夕も、保育園の行事のみ。唯一スケジュールをやりくりして実行しているのは、誕生日会くらいでしょうか。

団塊世代のターセンも、四季の移り変わりや日本の歳時を気にとめるでもなく、私ひとりが年明けから「新年の恵方は?」「親戚の誰それが還暦? 古希?」と、くるくる思いを巡らしているわが家でした。やることをちゃんとしておかないと、バチが当たってしまう気がするのは私だけでしょうか。「ここまで無事に育ちました」と神さまに手を合わせなくちゃ、恵方を向いて無病息災を祈り、太巻きを切らずに食べなくちゃと、行事を楽しみに心待ちにするというよりは、畏れが先立っていたように思います。

行事に対するそんなこんなの思いを、娘一家が軽々と飛び越えてくれたおかげで、私もずいぶん気が楽になりました。インフルエンザが流行る年末の大掃除はとっくにやめたし、おせちは作るも買うもしていません。「おせちはやめる」と決めると、ラクですよ。玄関に季節に添う好きな作家の額装の作品を飾ったり、鉢植えに好きな草花を植え替えたり、11月に入ったらクリスマスの飾りつけをウキウキ楽しんだりしています。習慣やしきたり、「こうしなくちゃ」という思い込みをどんどん手放し、「こうしたい」だけを楽しんでいる感じでしょうか。

行事も自分のスタイルで楽しめたらいいですよね。豆まきの豆を、年の数食べ続けていたら、お腹が膨らんで大変なことになっちゃいますもの。それでも子どもがいると、入学卒業、運動会、いろんな行事が押し寄せてきます。忙しい娘夫婦には、半ば強制される句読点があって、本当に良かったと思っています。

四季のある日本で暮らしていると、肌で感じる季節の移り変わり。「暑さ寒さも彼岸まで」と、変化を心待ちする習慣が身についています。特に行事はなくとも、季節の草花や食材が教えてくれる変化を暮らしに取り入れるのは、何よりの楽しみです。

家電はシンプルに限ります

数年前、冷蔵庫を買い替えようと大型家電量販店に足を運んだ際、ずらりと外国製の冷蔵庫が売り場面積の多くを占めていて、時代の流れを感じました。同時にどれも家具のように引き出しが多く、真ん中のいちばんいいスペースが冷凍食品という構成にはびっくり。いくら冷凍技術が発達したとは言え、「この広さにみんな一体何を入れているんだろう？」と知りたくなりました。もはや「どれにしようか」とあれこれ悩む自由はなく、「これしかない」という冷蔵庫の買い替えだったと記憶しています。

それでもわが家には冷凍スペースが大きすぎます。冷凍庫はぎっしり詰まっていたほうがいい状態を保てるそうなので、仕方なく非常用にもなる2リットルの水を入れて凍らせています。

家電が7～8年で壊れるように設計されているというのは、本当なのでしょうか。夫の海外転勤でサンフランシスコで暮らしたとき、冷蔵庫や食洗機は住まいについているのが普通でした。頑丈かつ無骨なデザインは、何十年も変わっていないと思わせるもの、屈強なモーター音で故障も少なかったように思います。この年になると、日本製の細やかすぎる多くの機能はもはやお節介にも感じられて、当時のシンプル家電がとても懐かしいです。

とは言え私、実は家電好き。「バルミューダ」から始まった扇風機革命は、どのメーカーもその快適さが素晴らしく、上下左右360度首を振ってくれる優れものに感動（58ページ参照）。布団乾燥機は、やや太めのスティックタイプを発見しました。敷き布団と掛け布団の間に挟むだけの手軽さです（144ページ参照）。筋膜リリースのマッサージ機もどんどん小さくなって、携帯できるサイズ感、ひとり1台、「ドクターエア」と吉祥寺の「ザ・ノース・フェイス」のお店で購入した「マイトレックス」を愛用しています。

友人知人がすすめてくれたり、最近では美容家やスタイリストさんたちがインスタグラムで情報を発信してくれたりしているので助かります（タイアップらしきものには、慎重になりますが）。いつだって使ってみたいものがいっぱい。来客たちも、毎回何かしら新商品があるわが家に興味津々です。あまりに高額なものには手を出しませんが、お手頃価格で疲れが改善されたり、お肌の調子が良くなったりするのなら、使ってみたいではありませんか。

紹介した友人たちから「買って使ってます」と報告を受けると、嬉しくなっちゃいます。ときどき「また買ったの！」「最近あれ使ってないね」と夫の厳しいチェックが入りますが、それ以上に「これはいいね」と彼も喜んでくれているので、「まあ良し」と自分を納得させています。

COOKING
LESSON
SPRING

「母の料理と言えば……」、そんな一品ありますよね。
私にとってのそれは、甘辛く味付けした焼き鳥丼。料理上手な母でしたが、
思い出すのは案外こういうメニューです。息子や娘に尋ねたら何と言うのだろう。
忙しい母が早起きして、お稲荷さんや太巻きもお弁当によく作ってくれました。
わが身に置き換えると、朝から巻き寿司なんて超人技です。
料理の記憶、美味しかった思い出は、人生の支えになります。

お持たせにぴったりなお稲荷さんを学ぶ

教えてくれる人 → 西本かがりさん（kaonn）

料理研究家、東京・吉祥寺にある料理教室「季節の食卓kaonn」主宰。食文化や伝統料理に関する造詣が深く、味噌作りを始めとしたさまざまな季節のワークショップや、子ども料理教室なども開催している。

右上／淡い繊細な味わいが嬉しい春の食材。スナップえんどうは、ヘタの下部分に切り込みを入れ、筋を取ります。左上／繊維がやわらかな新ごぼう。「押し切りするとつぶれてしまうので、スパッと切れる包丁が大事です」。右下／お稲荷さんを美味しく作るポイントのひとつは、当たり前ですが美味しい油揚げを選ぶこと。この日かがりさんが準備してくれたのは「三之助」の油揚げでした。左下／酢めしを軽く握ってから、お揚げに詰めていきます。

この日のメニュー

・稲荷ずし
・コロコロサラダ
・きんぴらごぼう

「美味しい」と感じる味は、人それぞれ。結婚、出産、海外転勤と、きちんと料理を学ばずにここまで来てしまいました。団塊世代の夫に手の込んだ洋風料理は不評で、あっさりさっぱりのシンプル料理ばかりの毎日。「何かもうひと工夫、変化が欲しいな」と料理本を買ってみるものの、定番になる料理はほとんどありませんでした。ひょんなことから出会った西本かがりさん、プライベートレッスンをお願いしたところ、「美味しい」の共通点が多いことにびっくり。そこから料理の教えを乞うことになったのです。

繊細な食感のきんぴらや春の豆類を加えたコロコロサラダと、包み方を変えたお稲荷さんをテーブルに。桜の季節をイメージして、ガラス作家のイイノナホさんに作っていただいたピンク色のプレートがアクセントです。

それまで出汁パックに頼りがちだったわが家のお味噌汁も、かがりさんの教えを元にお出汁を引くことでぐんと格上げされました。私に必要だったのは、メニューを増やすことよりも、いつもの料理のベースを骨太にすることだったというわけです。そんな彼女に、春はお稲荷さん作りを教わりました。

「油揚げを半分に切るとサイズも大きく、すぐにお腹いっぱいに。他のおかずも楽しみたいから、3等分に切りましょう。袋状の両端は半分はひっくり返して、中央は細長い長方形に広げ、海苔巻きを作る要領で酢めしをくるみます」

小ぶりなお稲荷さんは、並んだ姿もどことなく上品。パクッと軽く食べられるから、あれこれ食べたいホームパーティーにも喜ばれそう。何度か練習して、人が集まるときに「ここぞ」と作れる、十八番にするのが目標です。

お揚げはきちんと油抜きを

油揚げにしっかり味をしみ込ませるため、湯通しして油抜きを。熱湯にさっとつけてすぐに引き上げます。「ほんのり残った油分は揚げの旨味にもなるので、短時間でＯＫです」

調味料をしっかり含ませる

煮汁が沸騰したら油揚げを入れ、味を含ませます。放射状に並べるのが、味を均一に入れるコツ。沸いて揚げがふわーっと膨らんだら、ときどきヘラで押し、煮汁を均一にします。

飯台を使って酢めしを冷ます

炊き立てのお米がアツアツのうちにすし酢を回しかけますが、飯台に広げて混ぜることで、木が余分な水分を吸ってくれて、酢めしがつぶれることなく、適切な食感に仕上がります。

酢めしを軽く握ってから詰める

酢めしをそのまま油揚げに詰めると、量がバラバラになり、詰めにくくなります。あらかじめ軽く握っておくと、作業もスムーズ。握るときはさらしを活用すると便利です。

※レシピは148ページ参照。

あちこちで「おめでとう」が行き交う春、
結果は「桜咲く」がいいに決まってます。
でもね、振り返ってみると、不合格や挫折こそが、
自分の人生を深く豊かなものにしてくれたとも思えるのです。
人生が変化するタイミングで芽吹く草木たち、
そのエネルギーがパワーをくれています。
花粉や黄砂で辛い時季でもありますが、
大きな視点で自然と調和したいと思います。

FLOWER LESSON SPRING

球根つきの花を、器に植え替え楽しむ

教えてくれる人 → 久野恭子さん（hibi）

2012年、東京・吉祥寺に花屋「hibi」をオープン。2023年に吉祥寺の大正通りから昭和通りへと移転。“自分のための花”“人に贈る花”を選ぶ時間ごと楽しんでほしいという考えのもとに植物をセレクトしている。

右上／球根つきの花は、こんな風に鉢植え園芸店やホームセンターで販売されています。土つきのほうが、お手頃価格だそう。左上／鉢から外した花は土を落とし、洗面器などに水を張って優しく根っこを洗います。右下／いつも楽し気に花を生ける恭子さん。彼女のお手本を見ながら、アレンジを作ります。左下／今回は底面が広めな花器を利用して、何種類かの球根花を飾る方法を教わりました。

花は買うのも飾るのも好きだけど、いつも1種類の花を奇数本。そんな私に変化が訪れたのは、フラワースタイリストの平井かずみさんとの出会いでした。ギャラリーで開催した花生けの教室に約2年間おつき合いするうちに、那須から届く四季折々の花材を生けることで、「自然を切り取る」という面白さを発見したのです。そして「いいな」と思っていた吉祥寺の花屋さん「hibi」の久野恭子さんと平井さんの師匠が同じ方という偶然に、「やっぱり好きなものは好きなんだ」と至極納得。そして恭子さんに、四季のプライベートレッスンをお願いできることになりました。

春のレッスンのテーマは「球根を飾る」。「フェブ」でも球根セットを通販し、大人気。興味を持つ方も多そうです。

黄色い水仙、青いムスカリとヒヤシンス、赤紫のフリチラリア。さまざまな表情を持つ球根花を取り合わせ、ひとつの世界を作り上げます。外はまだまだ寒いですが、窓辺に飾ると、部屋の中は一気に春の空気が広がりました。

球根花が出回るのは、都内では2月中旬から3月にかけて。茎が寄りかかれるくらいの深さのある花器を準備して、そこに3～4種類の花を飾っていきます。

「花だけでなく、球根や根を含めた愛らしい様子を楽しめるのが球根花のいいところ。植物たちの自然なしなりや傾きを生かしながら、花器の中に『小さな庭』を作るような気持ちで配置していきましょう」と恭子さん。

このとき、上から見ただけではなく、横からもじっくり眺めて、植物同士の自然な「流れ」や「バランス」を意識すると良いのだとか。

「球根花は普通の切り花より長持ちしますし、まだまだ寒い時季にもぱっと気持ちを春に連れて行ってくれますよね。暖房の近くなどに置くと、あっという間に開花してしまうので、玄関などで飾るのがおすすめです」

根っこの土を優しく落とす

植木鉢から土ごと外し、左右にゆらしながら軽くもんで土を落とします。根を切らないように、優しく動かして。土を除いたら、水に浸けて根っこを丁寧に洗います。

苔を敷いて球根を安定させる

ホームセンターなどで販売している園芸用の苔を手でちぎり、花器の底面に置く。球根を置いたときにもたれて安定できるように、ほどよく凹凸をつけておくのがポイント。

水はやりすぎないよう注意

水をあげるときは球根が濡れないよう、根っこのみが浸かる量を心掛けて。基本的には少なめで、茎や花は霧吹きで水分補給をしてあげましょう。毎日水換えしなくてもＯＫです。

小さなグラスに1輪ずつ飾る

何種類も揃えるのが大変な場合は、コップに1輪ずつ飾るのも素敵です。手持ちのグラスやカップを自由な発想で活用して。「1輪でも『春が来た！』という気持ちになれますよ」

娘に買った雛人形は気合いを入れすぎて、
マンション暮らしには大きすぎ、
海外への寄付という形で手放した
苦い思い出があります。
「孫に買おうか」と娘に提案するも
「いらない」と言われてしまいました。
そんなわけで、わが家の雛祭りは
「トラネコボンボン」の絵を飾ることに
落ち着いています。

夫は洋菓子より和菓子、
娘はスイーツよりビール。
唯一息子がスイーツ男子で本当に良かった。
そんな息子からの「母の日」ギフトは
「ロミユニ」の「メルシーケイク」。
なかなか買えない貴重なお菓子、
老舗の味、可愛いお菓子。
感動って共感してほしいですよね。

春になると必ず買うチューリップ。
色とりどりもいいけれど、
何色と名前のつかない色の花に惹かれます。
語りかけるようにあっちこっち向く姿は
思春期の少女のよう。
好奇心旺盛でおしゃべりが止まらない、
一体何がそんなに面白かったのか、
笑い転げたあの日々を懐かしく思い出します。

セラミックスキンとか
スムーススキンと呼ばれる
日本人のきめ細かい肌は、
湿度の高さのおかげだそうです。
「FESTINO」のスチーマー、
とても気持ちいいです。

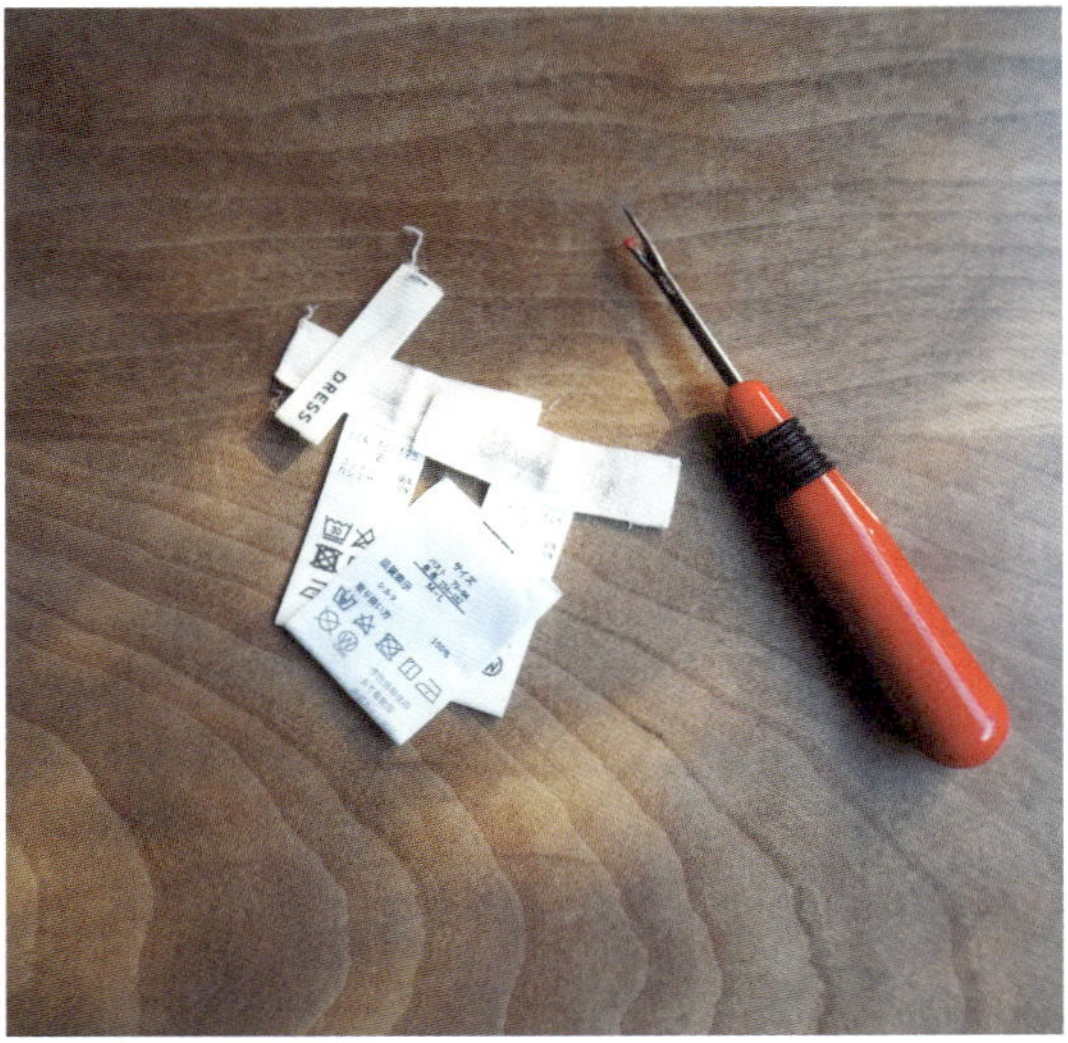

最近はブランドタグや
洗濯表示のタグが、とても
外しやすくなりました。
新品を下ろすことが多い季節、
直接肌に触れるものは
取り外すのが習慣です。

各都道府県が競ういちごの品種。
私は茨城の「うさみ園」の「やよいひめ」が好き。
ご近所の「でんがく青果店」に入荷するのを
毎年楽しみにしています。
買ってきたらまず、玄関に。
「行ってきます」も「ただいま」も
いちごの香りに包まれます。

庭では植栽とは別に、
鉢もので季節を楽しんでいます。
鉢のいいところは、場所を移動したり
向きを変えたりと自由自在。
新芽やつぼみがついたところを
リビングから見える角度に動かします。
こちらは3月の庭の沈丁花。
夫の好きな香りです。

パン屋のスタッフから始まって、
お菓子の勉強をしながらギャラリーを
支えてくれたオハラアヤちゃん。
いよいよ念願のカフェが
長野県安曇野に開店予定です。
新作のバナナキャラメルチーズケーキ、
よくできました！

木々の新芽は、まさに季節のサインです。
前に住んでいた方の植栽センスが素晴らしく
わが家の庭には桜の隣に利休梅、
裏手には花水木に金木犀と、
それぞれ季節の訪れを知らせてくれます。
お花見はもっぱらわが家の桜、
濃いピンクは散る花びらも見事です。

ジャム用にと思っていたちびいちごの
美味しさに驚きました。
そうは言っても旬のおわり、
名残りの果物は酸味が強めです。
そんなときは、
はちみつをかけて冷蔵庫でひと晩。
フルーツは日々の生活に欠かせません。

「お茶飲みませんか」「僕はいらない」
くり返してきたこのやり取り、苦節40年。
ようやく最近「いただこうかな」に変わってきました。
我ながらこれに関しては、しつこいなと思っています。
来客との楽しいおしゃべり、途中出掛けた夫が
戻ってきてもまだしゃべっていて驚かれます。
あのね、問題は解決しなくても、
こういう時間に癒されるものなのですよ。

ここ最近は花屋さんでも、
多種多様な紫陽花を
楽しめるようになりました。
中でも私が好きなのは、
小ぶりな山紫陽花。
天気予報に
雨マークがたくさんつく頃、
紫陽花を眺めながら、
「天気に良いも悪いもないよなあ」
と思います。

COOKING LESSON SUMMER

「野菜だけのビビンバが驚くほど美味しくて」と恭子さんに聞いたのが
かがりさんとお会いするきっかけでした。
早速友人たちと企画した料理教室。もぐもぐパクパク、
いつまでも食べ続けられる軽さと爽やかさ、肉も魚も入っていないのに
この充実感、びっくりの連続でした。暑くて食欲が落ちる夏、
季節の食材で元気になれる予感がお腹の底から感じられます。

混ぜたり、巻いたりの韓国料理

右上・左上／とうもろこしは手でポキンと折って、ゆで時間も3分と短め。ゆでたてをラップに包めば、余熱で火が入り、粒がシワになりにくいそう。今まで7～8分ゆでていたから反省です。レッスンは下ごしらえの知恵が満載です。右下／毎回大荷物でやって来てくれるかがりさん。荷物の中にある調理道具を見るのも、楽しみでした。韓国の面白い形のすりこぎ、欲しくて探したけど見つからず残念。左下／何をどれだけ盛り付けるかは、それぞれお好みで。

この日のメニュー

- 夏野菜のビビンバ
- 黒こしょう肉味噌
- いりこと豆もやしのスープ

初めてかがりさんの料理をいただいたのが、この「夏野菜のビビンバ」。思い出の料理です。ひき肉の代わりに油揚げで作ったそぼろと、とうもろこし、ズッキーニ、おかひじき、切り干し大根など、いろんな味や食感の季節野菜をナムルにして準備し、思い思いに組み合わせてごはんにのっけたり、葉野菜で包んだりしながら、いただく料理です。

パッと見るとナムルを何種類も準備しなくてはいけないので構えてしまいそうですが、調理全体の流れをしっかり把握すれば、道具や手間も最小限で済むのだそう。料理はやはり、段取りがとても大切なのですね。

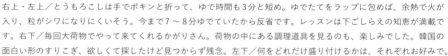

「夏野菜のビビンバ」は植物性の材料ばかりなので、ここにパンチの効いた「肉味噌」も準備します。味噌の味付けは赤味噌、しょうゆ、黒こしょう、砂糖に酒。「ここに唐辛子を加えれば豆板醤っぽい味になりますし、砂糖を多めにすれば甜麺醤っぽい味に。調味料をたくさん持つと使い切るのが大変なので、合わせ方を覚えておくといいですよ」とかがりさん。

でき上がったナムルや肉味噌をずらりとテーブルに並べ、各々好きな食べ方を楽しみます。最初はごはんとナムルを混ぜて、それに肉味噌を加えて、えごまなど葉野菜に包んで、最後はスープにひたして……。野菜メインだからするする食べられ、「これとこれを合わせると、美味しい！」「私はこの組み合わせが好き」と会話も弾みます。このビビンバ、季節ごとの野菜で作るのがおすすめだとか。別の季節もぜひ作ってみたいです。

かがりさんはわが家の食器棚にある器を把握しているので、どの器にどの料理を盛るか相談するのは楽しい作業でした。肉味噌を作るとき、「黒こしょうはこのくらい？」と尋ねると、その10倍くらいたっぷり挽いたのにはびっくり（笑）。

ゆで汁はリレー方式で活用

野菜をゆでるお湯を何度も沸かすのは面倒なので、切り干し大根→とうもろこし→ズッキーニ→おかひじきと、リレー方式で活用。きちんと段取りしておけば、ひとつの鍋でＯＫ。

ナムルの味付けは段々濃くしていく

ナムルの基本は塩＋ごま油という味付け。それにすりごま、砂糖、韓国味噌、韓国唐辛子などを足し、素材によって味付けを少しずつ変えると、変化が出て食べ進めやすくなります。

お揚げはすり鉢で細かく砕く

油揚げはすり鉢ですると、粒が不ぞろいになり、食感がよりひき肉っぽくなります。すりこぎの角を使ってするのがコツ。時間がないときは、フードプロセッサーを使っても。

にんにく油を作り置きして

ひと玉買うと余らせがちなにんにく。買ったら全部すりおろし、太白ごま油に漬けておけば保存も利き（作り方は151ページ参照）、使いたいときにさっと使えて便利だそうです。

※レシピは150ページ参照。

FLOWER LESSON SUMMER

芍薬はその季節を心待ちにしている花のひとつです。
私が住む吉祥寺には、大好きな花屋さんが何軒もあり、個性的な店主が
それぞれ仕入れる芍薬を買うのも楽しいです。
夏は花に厳しい時季ですが、だからこそ一瞬でも好きな花を飾りたい。
無数にも思えるほど重なり合った花びらが、豪華なのに気品もあり、
バラとはまた違った優美さが、何とも東洋的だと思えるのです。

大ぶりな芍薬を、華やかに飾る

右上／下葉をしっかり落とし、生けやすく。左上／ボリュームのある芍薬を、流れるように配置する恭子さん。右下・左下／「エッジドサーモン」という名のカップ咲きの芍薬を、ブルーベリーの枝と一緒に生けていきます。

いろんなものの値段が高騰している今日この頃ですが、逆にびっくりするくらい安いものもたくさんありますね。花も10本いくら、１００本いくらみたいなものがありますが、買う気がしないのはなぜでしょう。何だか茎もまっすぐで、伸び伸び育った感じがしないのです。せっかくですから愛情込めて育てられ、市場で大切に扱われたものを仕入れているお店で、信頼も含めて花を買いたいと思っています。店主の方と楽しく会話しながら、その季節、自分の気分に合った花を買うのがいちばん好き。芍薬で選ぶのはずっと白でしたが、今回は優しいピンクの気分でしたので、恭子さんにお願いしてレッスンの運びとなりました。

大ぶりな芍薬は、１輪でもぱっとその場が華やぐぶん、バランスよく生けるのがなかなか難しい。固いつぼみを開花させるのも、コツがあるようです。

複数の花を合わせるアレンジメントは少し苦手意識があり、いつも花は単体、奇数本で買うことが多かったのですが、「同じ季節の緑と合わせるとなじみやすい」と教わりました。花も何だか嬉しそうだということを発見です。

「芍薬単体で飾るときは、3本、5本、7本と奇数で買うと、バランスがとりやすい。私はよく『つぼみはひとりぼっちにさせないでくださいね』とお伝えしています。必ず同じつぼみか開きかけの花を添えてあげると、まとまりやすくなりますよ」と恭子さん。

ささっと生けてくれたお手本を参考に、私も芍薬に向き合います。恭子さんの生け方を見て気づいたのは、水にどっぷりと浸けなくてもいいということ。中身が見える花瓶に生けるときは、水位もデザインの一部。1輪で飾るときはあえて低め（55ページ左下写真）に水を注ぐこともあるそう。そして「上手く生けられたな」と感じるときは、水の中の茎もすっきりとまとまっているということでした。花びらから茎先まで、花全体が気持ち良さげな佇まいであることが、大事なのかもしれませんね。

POINT 1

つぼみをしっかり開花させる方法

「つぼみを買ったけど、結局花が開かなかった」という声もよく聞く芍薬。「緑のガクを優しくむき、指先で花びらのつけ根を軽くほぐすようにすると、開きやすくなりますよ」と恭子さん。

POINT 2

緑豊かな枝ものと組み合わせる

芍薬が入荷する5月中旬から下旬にかけては、新緑のシーズン。瑞々しい枝ものがたくさん見られる時季と重なり、芍薬との相性も抜群。リョウブやヤマブキなどもおすすめです。

POINT 3

7〜9輪は高低差をつけて生ける

芍薬単体で飾るときは、7〜9輪まとめて生けると華やかな雰囲気です。見栄えがいい花を中心に置き、高さを少しずつずらして生けるようにすると、バランスよくまとまります。

POINT 4

1輪で飾るときは高さにメリハリを

「花にボリュームがあるので、花器もある程度安定感があるほうがバランスをとりやすい」と恭子さん。茎は長めにするか、逆にすごく短くしてぽってりした器に生けると収まりが良くなるそう。

ときどき、娘家族が住む3階に上ると
窓からの眺めが素晴らしくて
見入ってしまいます。
広々とした空を常に眺められる、
そんな暮らしが少しうらやましい。
あるお宅の洗濯物があるかどうかを
娘は天気予報代わりに頼りにしているとか。
遠くに見える教会の十字架もいいね。

「ダンディゾン」の夏の限定品
ブルーベリーたっぷりの「ミルティーユ」。
パイ生地は本当に繊細で
本来冷蔵庫のような室温で作るものらしい。
パティスリー出身の店長が
「うちの厨房で、こんなに美味しいパイが
できるのが不思議」と言っています。

どちらかと言うとボーダーは
似合わないほうだと思っています。
それなのに夏が近づくと毎年、
爽やかなマリン気分を味わいたくて
ボーダーを買ってしまいます。
そう言えば、娘がボーダーを着てるの
見たことないかも……。

「エアドッグ」の扇風機は
方向が七変化、しかもコードレス。
「技術的に不可能」
「いや君ならきっとできる」
企画会議はこんなやり取り
あるのかな。
新製品の誕生秘話、
きっとドラマティックですね。

お風呂に持ち込むものは
季節によって変化します。
朝風呂派の私、
一日の始まりはよい香りから。
今年の夏は「ココチェッ」の
シャンプーとトリートメント、
「very much more」のミント石鹸を
愛用しました。

華やかなのに楚々として
涼やかな芍薬を見ると
「品格は環境で育まれる」という
母の言葉を思い出します。

蚊取り線香は
わが家の必需品です。
「りねんしゃ」の
「菊花せんこう」が
欠かせません。

暮らしには
澱まない、清々しい
空気が大切です。
思いついたら
掃除とメンテナンス。

小粒で甘いびわは、
福岡・志賀島《しかのしま》の「坂本果樹園」から届いたもの。
美食家のカラスたちとの争奪戦です。

生活必需品を買う店のほとんどが、
徒歩圏内にあります。
便利な上に井の頭公園という
広大な自然にも隣接していて
快適な暮らしです。
今の家に越してきてから、
友人知人が気軽に
訪ねてくれるようになりました。
おもてなしの支度は、
テーブルクロスを広げることから。
夕方から来る友人のために
ワインも冷やしておかなくちゃ。

玄関はほぼ毎日、床の拭き掃除。
それから季節に沿った
絵や花を飾ります。
初夏にはやはり、紫陽花が多い。
わが家を訪れる来客たちの第一声は
「いい気持ち」。
「気持ちいい」は、私にとっての
最高の褒め言葉です。

何でも最高級が良いわけではありません。
特に焼き海苔は、高すぎるとパリパリで
おにぎりやお餅を巻く前に
ちぎれてしまいます。
何事も学習、今はひとつ手前のランクを
買うようにしています。
近所の「紀ノ国屋」では
メロンに「食べ頃」シールが。
何とも嬉しいサービスです。

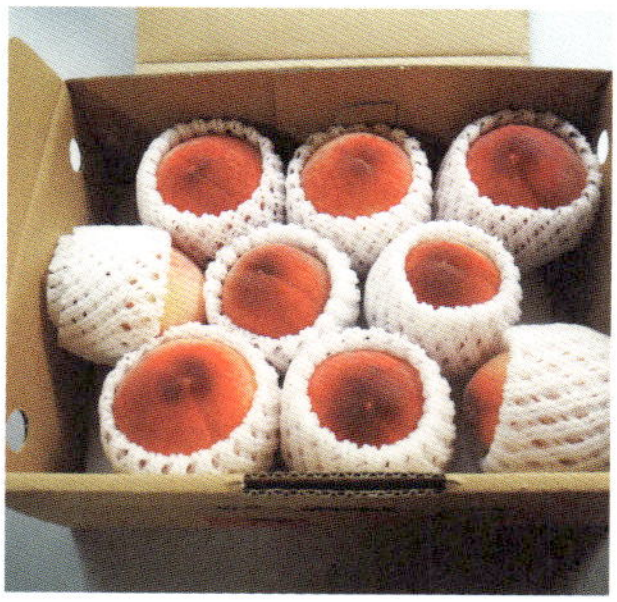

わが家はフルーツ王国を
自負しておりますが
何がいちばん好きかと
聞かれたら「桃」。
ひとり1個が基本、
こんな風にお皿にのせて。
熊本の「錦自然農園」から。

5月のおわり頃から、
玄関脇に植えた
ジューンベリーの実が
ぐんぐん大きくなります。
実が色づくと、鳥たちも大集合。

『古事記』の国生み神話にも
登場する淡路島。
その島から届く「心に風」の
季節のハーブブーケは特別です。
植物の生命力を感じられる
力強い香りです。

友人から教わった
「じゃばら果汁」。
花粉症にいいとの噂。
ピンと来たら
とりあえず試します。

赤だしは沸騰させたほうが
おいしいと伺い、
一度煮立たせてから
冷蔵庫で冷やします。
夏野菜を入れて
美味しいお味噌汁に。

「ワインに合うチーズケーキ」と
考えられた東京・下馬の
「レティシア」の塩チーズケーキ。
甘さ控えめで程よい塩気、
軽やかだけど濃厚な味わい。
手土産にいただいて、ハマりました。
下馬はターセンが生まれた場所。
馴染みのあるところに
お店があるのも嬉しいのです。

デニムが制服。そんな大人になりました

若い頃はずっと、「年上の女性たちが着ているような服を、いつか自分も着るようになるのかな」とぼんやり考えていたことを思い出しました。母の世代は膝丈スカートにパンプスが基本で、記憶の中にパンツをはいている母の姿はほとんどありません。何となくいつも「ちゃんと」している印象でした。

結局私は、いくつになってもスーツのような服を買うこともなく、還暦をとうに過ぎたのに、パンツが中心でGパン……もとい、デニムばかりの毎日です。とは言え、50の声を聞いてから、「着たい服」と「似合う服」の溝は深まるばかり。年々増していく不可解な体の厚み、落ちない体重に抗う気力も体力も根性も足りず、「健康第一」「元気がいちばん」「下手に痩せるとシワシワで貧弱になっちゃう」と、まさに開き直りの状態です。

でもおしゃれは諦めたくないし、ちょっぴり流行の色や形も取り入れたい。「よ～し失敗を恐れず、気合いで着たい服を着ようではないか」と必死に自分自身を鼓舞し、今に至っているというのが正直なところなのです。

雑誌の特集を見ても、みなさん同じような悩みを抱えているようにお見受けいたします。当然お腹はぺたんこ、すらっとしているほうが服をカッコよく着こなせますが、ほんの少しのマジックでスッキリ見えたりすらっと見えたりするのも事実で

す。無理してジャストサイズばかり着るのではなく、パンツのサイズをワンサイズ上げてみる、お腹まわりはゆったりしていても足先へのカッティングがほっそり見えるものを選んでみる、重ね着よりもすっきり1枚で着る……などなど、トライアンドエラーの学習が必須なのです。

頭の中で描いている自分は、もはや幻に近いことを認めましょう。鏡で自分を見ること、写真に撮って客観的に見るのもいいですね。欧米のご婦人方のように二の腕やデコルテを露出するのは、若い頃からの鍛錬が必要です。全体のイメージやバランスを考えると、私には向いていません。シャツのボタンは上まで留めたいし、首まわりはタートルやフリルのほうが潑剌と見えるのです。

ファッション雑誌を見るのも、街行く人をウォッチングするのも大好きなので、印象に残った組み合わせは次回の買い物の大切なヒント、しっかり脳裏に記憶します。「自分はこうだ」と決めつけず、今日着る服を楽しむこと、年齢に縛られず、体型には片目をつぶって。

かつての思い込みを手放し、新しい挑戦も忘れない。ファッションこそ、日々更新です。案外来年あたり、「人生で初めてスーツを買いました」とご報告しているかもしれません。

白いTシャツ探しは毎年の課題です。首まわり、袖丈、身幅など理想的なTシャツをいつも探しています。「アワサ」の2枚組のTシャツは、上質で快適なコットンシルク素材。春夏の着こなしの相棒になってくれそうです。

「dahl'ia（ダリア）」のギンガムチェックのブラウスは、前立てや袖口にもボリュームがあるので、襟のフリルを半分にリフォームしました。少し手を加えることで、自分らしい一着になります。「ŠP(エシュペー)」のデニムに、グレーの「コンバース」を合わせました。

早坂香須子さんのこだわりが詰まった「マユハダインナー」のツインニットは、シルク100%で着心地抜群。「ランジュパース」のスカートに「ファルケ」のタイツ、スニーカーは「サロモン」。春になるとはきたくなるスカートは、タイツでしっかり寒さ対策。

「CHECK & STRIPE」と一緒に考えた、スタンドカラーの八分袖ワンピース。本当にたくさんの方に手に取っていただいて、喜ばれました。新しくイラストレーター・福田利之さんのテキスタイルでお仕立てを。「que」のレースアップシューズできれい目に。

友人が着ていた様子が可愛くて、思わずポチリしてしまった「nooy」のコート。やわらかなデニムが大人にぴったりです。

母子で着た「ギャルリー・ヴィー」のスウェットは、SとMのサイズ違い。私は義母から受け継いだパールに「SAQUI」のパンツ、娘はインドのアンティークジュエリーと「エンフォルド」のストラップパンツ。スウェットをきれいめに着るのがテーマです。

スカーフも帽子も、仲良くなるまで時間が必要です。65cm角をきゅっと巻くのが好み。左は初期の「ミナ ペルホネン」、水玉は「シップス」、右2枚は「マーガレット・ハウエル」。

右／手首を出す季節は、ブレスレットを楽しみます。左から友人の北欧土産、「YOHEI NOGUCHI」のサーミブレスレット、「フィリップ オーディベール」のバングル。左／「ハープアンドクラフト」のスマイルコットンのパーカー。コットンなのに、カシミヤのような肌ざわりを目指して開発された素材だそうです。

私史上、最も涼しいワンピースがこちら。「calo」のオーガニックコットンのワンピース。子ども服から始まった小さなブランドで、応援しています。年々暑さが増す夏を、少しでも快適に過ごしたいですよね。スニーカーは「マーガレット・ハウエル」と「ミズノ」のコラボ。

こちらも「calo」のブラウス。長袖をまくれば、パフッと5分袖に。空調や日差しなどで袖丈を調整できるのがありがたい。小さながま口ネックレスは革製品のブランド「N25」のもの。「何を入れよう」と考えるのも楽しい。

ハングル文字のＴシャツはスタイリストKOMAKiさんが手がけたもの。「トラネコボンボン」イラストのＴシャツは「アデュー トリステス」。

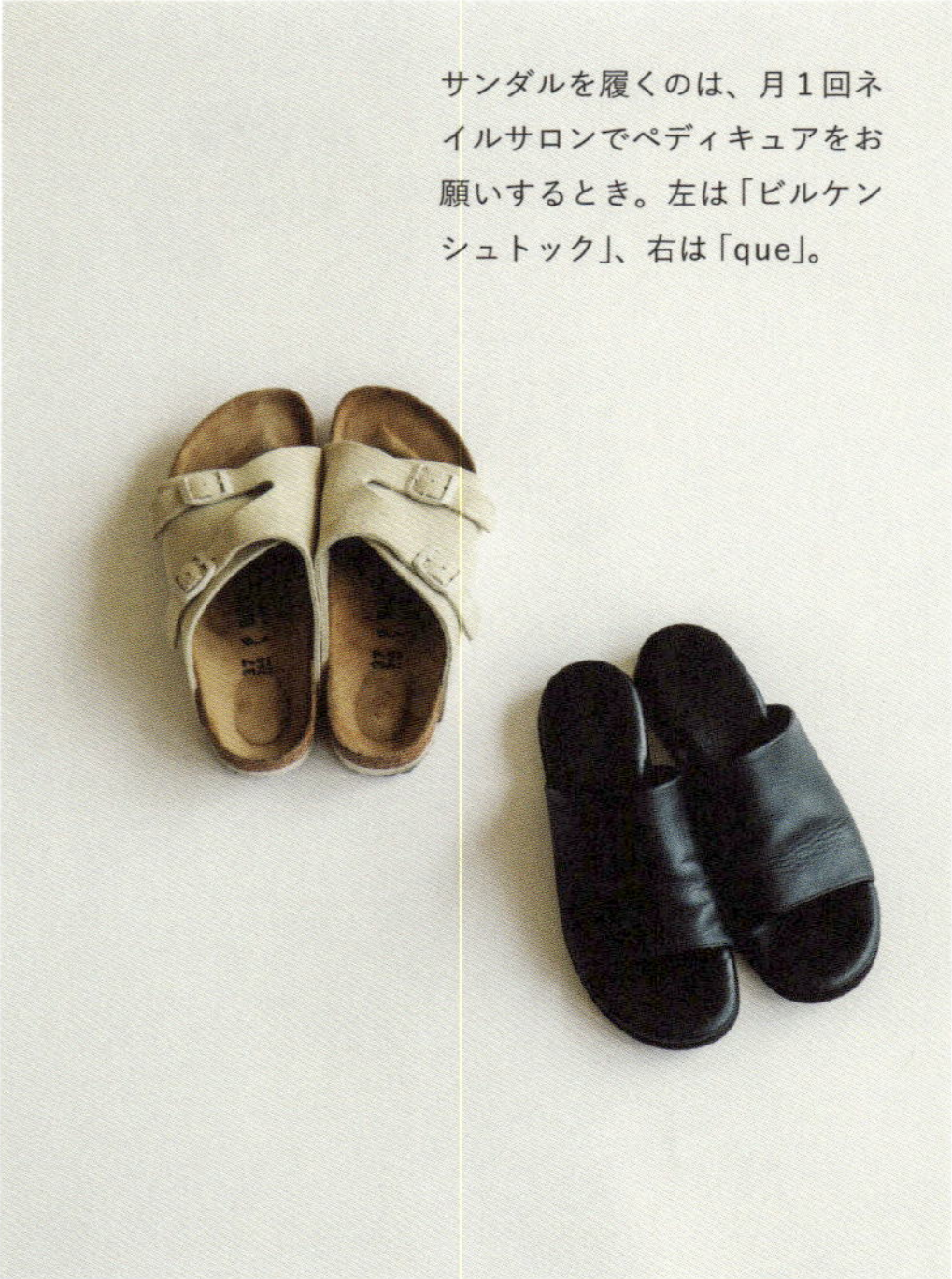

サンダルを履くのは、月１回ネイルサロンでペディキュアをお願いするとき。左は「ビルケンシュトック」、右は「que」。

右／頭が大きいので、帽子は被れたら買ってしまいます。右は「サンフランシスコハット」、キャップは「ザ・ノース・フェイス」。
左／夏のインナーは「プリスティン」を愛用しています。天然の接触冷感性があるというフロストコットン使用です。

左は「エバゴス」、右は「CINQ」で購入したマダガスカルのかご。いつのまにか増えてしまうかごは、ときどき思い切って整理します。ずっとしまい込まれているよりも、誰かに活用してもらえたほうが嬉しいと思うから。

「プリスティン」でひと目惚れした張りのあるタイプライター生地のワンピースに、「サロモン」のスニーカー。こんな風にちょっと緊張感のある、全身白のコーディネートが好きです。レフ板の役割を果たしてくれるので、表情が明るくなります。

翡翠色のコットンシルクワンピースと水玉のコットンシルクパンツは「フルーツ オブ ライフ」のもの。長年スタイリストとして活躍していた大橋利枝子さんが手がけるブランドで、「大人の上質」が詰まっています。足元は「que」のレザーサンダルを。

AUTUMN FASHION

推し活中のブランド「ŠP」の全身コーディネートです。職人技に惚れ惚れする細やかなステッチのギャザーブラウスに、ヴィンテージライクなウールベスト。ラクチンなのにきれいなラインのパンツに、「メゾン マルジェラ」の3cmヒールのシューズを合わせました。

娘とともに「ARGUE」のオーバーオールのコーディネート。私は「シンゾーン」のブラウスに、「ギャルリー・ヴィー」のスウェットとブーツ。娘は「F/CE.」のブラウスで。40代になり、カジュアルすぎないように……がポイントなのだそう。

「シオタ」のスウェットは、ヴィンテージっぽい風合いですが、着心地は軽やか。裾と袖口がきゅっと締まったデザインなので、きれいめに着られます。カジュアルな服を着るときは、大人っぽさを意識して選ぶようにしています。

「アニエスベー」の黒色カーデは永久定番。「ユニクロ」の白のメリノウールカーデは何かと使える便利な一枚です。

「エルメス」のスカーフはヴィンテージ。昔のものはシルクの厚みが違う。いいものは時代を超えるということを実感します。

右／長年似合うトレンチコートが見つからない理由は、サイズ感にありました。数年前に「CINQ」で見つけたコートは、肩幅がコンパクトですっきりシルエット。左／秋の気配を感じると、ウールのソックスを買っておくようにします。「ファルケ」や「マーガレット・ハウエル」など、きれいな色をコレクション。

「トゥモローランド」の金ボタンブレザーは、メンズフロアで見つけました。英国の古い織機を分解して輸入、国内で組み立て直して織られた生地を使用しているそう。こういう話にめっぽう弱い私。ネイティブアメリカンジュエリーと白の「コンバース」で抜け感を。

お隣と同じ「ギャルリー・ヴィー」のタートルニットと「ŠP」のデニムの組み合わせで、アウターを鮮やかな黄色のコートにチェンジ。娘がイギリスで買い付けてきた古着です。気持ちも明るくなるビタミンカラーの力を借りて、晩秋の寒さを乗り切ります。

「バーラップアウトフィッター」のコートは、何しろ軽くて温かい。「ミュージアム オブ ユア ヒストリー」の別注品で、いつの日か色違いを買い足したい！

「水沢ダウン」は最強の防寒着。フードファー仕様だと上品な印象です。下半身をしっかり温かくして、「CHECK & STRIPE」でお仕立てした白のスカートとあえて組み合わせます。タートルは「無印良品」、ブーツは「ギャルリー・ヴィー」でモノトーンコーデに。

「スープレルース」のコットンカシミヤのロングスリーブと「クロースリー」のコットンシルクのレギンスが冬下着の定番。もたつかず、温かくなりすぎず。優秀すぎて永久定番になりそう。

右／「eleven 2nd」と「ビショップ」の定番ウールベストは、冬の必需品。左上／増え続けるストールは、基本の3色のみに。右から野上美喜さん作、「エピス」「eleven 2nd」、すべてカシミヤです。左下／「マリメッコ」のツリー柄トートはクリスマス前に持ち歩きます。「レスポートサック」の斜め掛けバッグは、コートの上から。支払いをスムーズに済ませたいのです。

「eleven 2nd」のヤク素材のタートルニットは毛玉ができにくく、チクチクしなくて、とっても軽い。外出するときも、マフラーいらず。「R」のウールワイドパンツと合わせれば、寒い日でも優しい気持ちになれるのです。足元もスニーカーで軽やかに。

右ページ／「ユナヒカ」のアランセーターに、どうしてもフリル襟を出したくて、もたつく袖をカットしてリフォーム。スニーカーは、きれいなものをすっきり履くのを心掛けます。左ページ／「ル グラジック」のエコファーリバーシブルコートはふたつの表情が楽しめます。足元はゼブラ柄の「オペラナショナル ド パリ」。

餅は餅屋。その道のプロに潔く頼ること

人にはそれぞれ得手不得手があります。私は数字に強くないし、お裁縫はお手上げです。けれどもあるとき、音楽を志していた人たちは、他の分野でも突出した才能を発揮しているということに気がつきました。画期的な扇風機やトースターで有名になった「バルミューダ」を起業した方や、本当にいい素材を使ったスキンケアの会社「OSAJI」を始めた方は、おふたりとも以前ミュージシャンだったとか。そしてお茶やお料理の世界にも、音大を出たという方がたくさんいらっしゃいます。

音には心地いいものもあれば、不快な和音もあります。ウキウキやる気が起こる旋律もあれば、悲しみに寄り添う泣けてくるメロディ、映画『ジョーズ』の効果音！ それぞれの表現が無限であり、聴く人が励まされたり勇気づけられたり、ハラハラしたり。楽譜を読み込み、手にした楽器の練習で、多くの感性を磨いた人たち、豊かな表現を学んだことが、他の業態でも生かされているのではないかと納得しました。

どんなに「いいこと」や「いいもの」を思いついても、それを形にして世に出し、多くの人に認めてもらうのは至難の業です。音楽で学んだことを通じてその方法に気づき、人よりも早く見つけられたのかもしれませんね。

何でも自分でやりたい、やってみたいという人がいます。もちろん挑戦することでたくさんの発見があることでしょう。でも私は、それぞれの楽器が集合して奏でるオーケストラのように、餅屋は餅屋、その道のプロたちを信頼して任せたいと思っています。

私がお菓子作りをやってみたところで、どれだけ失敗して味見をくり返せば、大好きな味や食感に近づけるのでしょう。きっと長い長い道のりで、好きでなければ続かない途方もない作業の連続です。そのことに気づいてから、「ここはプロに任せよう」「プロの味を楽しもう」と決めました。いろんな個性の人がいてこの世界が成り立っています。それぞれが違ってこそ、世界は調和しているのです。

私の得意なことは何でしょう。私は私の得意なことを磨きましょう。苦手なことは手放して、大いにプロの手を借りてみよう。やってみる、試してみる時間も大切ですが、上手くできないことをずっとやっているのはストレスです。諦めも肝心、手放し上手になって、頼ったり頼られたり。案外これが、人間関係の潤滑油になると思うのです。

何よりも「素直さ」が大切

パチンと閉まるがま口タイプのお財布が好きで、いつも頭の隅で「いいのないかなあ」とずっと探していました。ギャラリーで展らん会を催していたある日、支払いをする男性が出したお財布に目が釘づけになりました。私の理想のお財布ではないですか！

「とっても素敵なお財布ですね」と話しかけると、「僕が作っています」とのこと。もちろんその場で、制作依頼いたしました。聞けば独立したばかりで、これからの方向性を模索中とのこと。注文をとても喜んでくれました。


でき上がったお財布を、ご夫婦で届けに来てくれた際に話してみると、実は一時体調不良だった時期に、奥さまが誘ってくれた喫茶店で、私とターセンが載っている雑誌を見てくださっていて、記事を熟読していたそうです。その後、友人が偶然誘ってくれた展らん会で、私と出会えたことに、心底驚いていらっしゃいました。

奇跡のような点と点の出会い。まったく接点がなかった人と、あるときから強い磁力でお互いに引き合う不思議さは、ギャラリーという場所を作ったおかげなのかもしれません。そんな不思議なご縁を数えれば、両手の指でも足りません。「N25」というお財布を中心としたブランドの展らん会を提案したのは、言うまでもありません。

郵便はがき

おそれいりますが
切手を
お貼りください

141-8210

東京都品川区西五反田3−5−8
株式会社ポプラ社
一般書編集部　行

お名前	フリガナ	
ご住所	〒　　-	
E-mail	@	
電話番号		
ご記入日	西暦　　　年　　月　　日	

上記の住所・メールアドレスにポプラ社からの案内の送付は必要ありません。 □

※ご記入いただいた個人情報は、刊行物、イベントなどのご案内のほか、お客さまサービスの向上やマーケティングのために個人を特定しない統計情報の形で利用させていただきます。

※ポプラ社の個人情報の取扱いについては、ポプラ社ホームページ（www.poplar.co.jp）内プライバシーポリシーをご確認ください。

ご購入作品名

■この本をどこでお知りになりましたか？

□書店（書店名　　　　　　　　　　　　　　　　　　　）

□新聞広告　□ネット広告　□その他（　　　　　　　　　　　　　）

■年齢　　　歳

■性別　　　男・女

■ご職業

□学生（大・高・中・小・その他）　□会社員　□公務員

□教員　□会社経営　□自営業　□主婦

□その他（　　　　　　　　　　　）

ご意見、ご感想などありましたらぜひお聞かせください。

ご感想を広告等、書籍のPRに使わせていただいてもよろしいですか？

□実名で可　□匿名で可　□不可

ご協力ありがとうございました。

「これからの人生、どうしていきたいか」と自分に問うと、「若い人たちの力になれたらいいな」というのが、いちばんのやりたいことでした。縁がつながった年下の友人たちに、「こうしてみたら？」「こういうことやりませんか？」と、思いつくままにボールを投げてみる。前向きに受け取って、キャッチボールできる人と一緒に何かを考えるのは、本当に楽しい時間です。「自分の世界を広げていく」「自分の格を上げていく」、そういう意識を持つと、自ずと新しい扉が開いていくことを体験してほしいと考えています。

年齢差がある友人と、信頼関係を持って気持ちよくつき合える秘訣は何でしょう。まずは相手の話をよく聞くこと、そして自分が持っている知恵や工夫を惜しみなく与えること。私はたまたまギャラリーオーナーという立場ですが、応援にはいろんな形があると思います。きらりと光る何かを発見したら、「素敵ですね」「素晴らしい」と、言葉にして伝えること。「これ知っている？」「こんな人がいるよ」とまわりに情報を拡散してみること。そしていちばんの応援は、お金を出すこと。買い物は最大の応援です。ちょっとした言動が、その人にとっての大きな「キッカケ」を作るかもしれません。

いくつになっても「素直」っていいなと思っています。年齢に関係なく気持ちも頭もやわらかい人とは、楽しい会話が弾みます。どんな人と結婚したらしあわせになれるかは、よく聞かれる質問ですが、何はさておき「素直な人」なんじゃないかと思っています。

エレガントな大人の女性に憧れて

忙しいのに決してバタバタ動いているように見えない、そんな上品でエレガント、落ち着きのある大人になりたいです。「ギャラリーもパン屋も営んでいて、お忙しいでしょう」と言っていただきますが、実はみなさんが思うほど、忙しいわけではありません。スケジュールも自分で決められるので、午前中はいろいろ家のことをする時間、ギャラリーも12時開店、仕事の打ち合わせなども14時と決めています。ここ数年ようやく、慌てなくてもいい「大人の暮らし」になりました。

私が「素敵だなあ」と感じる人の多くは、動きが優雅な印象です。ふとした手の動き、食べ方やものを触る動作とかが、ゆっくり丁寧な感じ。そうそう、話し方もややゆっくりで、声が大きすぎず、美しい言葉使いですね。

自分の話をきちんと聞いてもらえるだけで、人は嬉しくなりますよね。話したいことがたくさんあると、ついつい早口になってしまいますが、相手の方が受け止めてくれるのは、せいぜい2〜3の内容。それ以上は情報量が多すぎて、思い返しても「何だっけ?」と、薄まった印象になってしまいがち。面白い話でみんなを笑わせるのが大好きな私には、要注意事項なのです。

食事のとき、料理するときも、なるべくガチャガチャと音が立たないように気をつけています。ほんのちょっとしたことですが、せん切りやみじん切りの音も、天然木のまな板とよく研がれた包丁だと、リズミカルで心地いい音に聞こえます。自分が立てている物音に耳を傾ける習慣を身につけると、いいかもしれません。よく使う調理道具や、鍋や食器も取り出しやすい収納にしておくと、ぶつかりにくくていいですね。

「わが家はこれが最終形」と思っていても、改革改善、更新の毎日です。料理は常に頭の体操。順番さえ考えれば、野菜をゆでるのも一度沸かしたお湯で済みますし、粉物から計っていけば、大さじ小さじもたくさん必要ありません。洗い物が少なくなる快感は、私にとって大きな達成感です。

動きに無駄がないと、台所仕事もスムーズです。ずっと同じことをやり続けるのが苦手な私は、「こうしたほうが早いかな」とか「上手くいくかも」と、やり方を工夫するのが趣味といっても過言ではありません。そして本番よりも、準備のほうが好きかもしれません。仕事も暮らしも、準備や段取りが思いのほか大切だと思いませんか。カウンターのあちら側で黙々と調理する板前さん、見惚れるほど無駄のない動きも、開店前の下ごしらえに支えられているはずです。

一朝一夕にエレガントなおばさんにはなれません。日々研鑽《けんさん》、少しずつ積み重ねていくものなのです。「もう自分は変われない」と諦めずに、「こうなりたい」と思い続けること、千里の道も一歩からです。

健康でいるために自分の健康を人任せにしない

母は人生の後半に持病の薬は飲んでいましたが、元来とても元気な人でした。私が中学生のときだったでしょうか、夜中に胃痙攣《けいれん》を起こして救急車で運ばれるも、点滴で痛みがおさまったとたん、スリッパのままタクシーで帰宅したのには驚きました。3人の姉たちもそれなりに入院や手術を経験しましたが、ベルトコンベア式の治療をキッパリと断るというように、それぞれ自分の体とのつき合い方に信念があり、自分なりの選択をしています。このあたりは母親譲りかもしれませんね。

コロナの恐怖が世界中に広がっても、「よく分からないものは体に入れたくない」と、老人ホームにいる父以外、誰もワクチンを打ちませんでした。もちろん基礎疾患がないことや、仕事をしていないという環境だからできたことですが。

「死ぬまで元気でいたい」というのは誰もが共通に抱く望みでしょう。けれどどういう状態を「元気」「健康」というのか、ときどき考えてしまいます。私は30代から40代前半までの長い間、名前のつかない不調に悩まされました。身体的にはどこも悪くないのに、大きなカプセルに閉じ込められたような不快な感覚、意欲が湧かずふっと消えてしまいそうな不安定さが続き、自分にダメ出しの連続でした。そういう経験から、たとえ病気になったとしても「これがやりたい」「これが食べたい」「いつかこうなりたい」「これが欲しい」と思えるなら、私は「元気」と呼べると思っています。

昔もあったのかもしれませんが、現代は細かくいろんな病名がつけられたことで、一層私たちを不安にさせている部分もあるように思います。「何だか体調がおかしい」というのは自分自身がいちばん分かることです。そこからどんな情報をキャッチして、回復するためにどんな方法を選択するのか。私も母や姉たちのように人任せにせず、自分の直感や選択を優先したいと思っています。

40代の後半、どうにもメンタルがネガティブに引っ張られたときに、アンチエイジングで有名な「銀座上符《うわぶ》メディカルクリニック」の上符正志先生と出会いました。血液をアメリカに送って30〜40項目について調べた結果、激しく足りていないホルモンがいくつかありました。腕の内側に塗る山いも由来のクリームと、ホルモン補充のサプリメントで元気を取り戻すことができたときの嬉しさは、忘れることができません。私たちの体のことはまだまだ分からないことだらけだそうです。だからこそ、自分が納得できる方法で元気を取り戻すのがいちばんです。

最近見つけた歯医者さん、若い先生と歯科衛生士のおふたりでされているのでアットホームです。時間にも余裕を持って治療してくれるので、他の方の治療の音や会話が聞こえたりしません。ずいぶん頑張ってくれた奥歯を、いよいよ入れ歯にしなければならないとターセンががっくり肩を落としていると「大丈夫ですよ、僕入れ歯得意なんです、お任せください」って。こういうお医者さん大好きです。

更新や小さな変化を習慣に

更新したり、改善したからといって、必ずしも良くなるとは限りません。もし「以前のほうが良かった」と思うなら、元に戻せばいいだけのことです。そのあたりは、気軽に身軽に考えるのがいいと思っています。車のデザイン、パソコンや携帯のバージョンアップなど、「元のほうが良かった」「使いやすかった」と思うものはいっぱいあります。

最近面白いドラマを見ました。愛を誓って結婚した可愛い妻が、育児や仕事で恐ろしく豹変してしまいます。疲れ果てた夫は、あるきっかけで過去へタイムトラベル。「同じ過ちは犯さないぞ」と違う相手を選んで結婚します。ところが前の妻と出会い、やっぱり気にかかり、魅かれてしまうんですね。

そして、当時の自分の至らなさや思いやりのなさをひとつずつ思い出し、相手のせいだけではなかったことに気がつく。もう一度過去に戻って、やっぱり同じ相手と結婚したいと思うのです。すごく良くできたお話だと思いました。

行き詰まったり、煮詰まったりすると、「選ばなかったもうひとつの道を選んでいたら、どうなっていただろう」「自分は選択を間違えたかもしれないな」と悩んでしまいます。もちろん大きく舵を切って、違う進路、違う相手とやり直すこともときには必要です。でも大抵は、自分が変わらなければ、また同じスパイラルに巻き込まれてしまいます。

この世には目に見えない「縁」や「タイミング」が四方八方に交差しています。やるかやらないか、いつやるのか。アクションのタイミングがとても大事。

私の経験からの実感のひとつとして、小さなことから更新や変化を積み重ね、習慣にしておくと、「あ、今だ」と、ピンと来るようになります。そしてその「今」のタイミングを絶対に逃さないことが、人生にはとても大切なのです。そう思ったときの熱量は、最高に高いはず。仕事の依頼や引っ越し、転職、片付けや告白のタイミング。幸運を引き寄せる力が、マックスな気がします。

だから歳下の友人たちが、「期待すると必ず裏切られるから、期待するのをやめました」と話していると、残念でなりません。「たまたま重なったことを、どうぞ自分でパターン化しないでくださいね」と思います。なぜならパターン化してしまうと、「やっぱりね」と期待が裏切られるような結果を引き寄せてしまいがちですし、「やっぱりそうなった」と答え合わせのように安心する自分になってしまったりするのです。

毎回状況も条件も違います。失敗から学ぶことも大切ですが、失敗を恐れすぎてはいけませんよね。私たちは、自分をしあわせにするために生まれてきたはずです。しあわせになることをまず自分自身に許可しましょう。「さあ、最高の笑顔の私をイメージして、勇気を出して次に行ってみよう」。恐れずに上書きして、人生を更新していく自分でありたいと思います。

COOKING
LESSON
AUTUMN

自分の好きなものを、自分のリズムで食べたい私は、外食が苦手。
食に関しては案外保守的で、新しい食材、知らないメニューに臆病かもしれません。
調味料も長年使い続けているものばかりです。
マンネリ化する食卓に変化をもたらすのは、友人たちとの持ち寄りパーティー。
サラダにフルーツを入れるのも、にんじんのせん切りだけの春巻きも
食いしん坊の友人たちに教わりました。

新米の季節に、基本のごはんとお味噌汁

右上／秋に収穫が始まる国産レモン。青々としたグリーンレモンをキャベツと和えてカツに添えます。左上／鍋に調味料を沸かし、なめ茸を作ります。「手作りのなめ茸って、本当に美味しいよね〜！」　右下／むね肉を薄くなるまで叩くことで、繊維が断たれ軽やかな食感に。今回は米粉のパン粉を使いました。左下／「ウスターソースは臆せず、たっぷりと！」。ソースがよくからんだカツは、ごはんが進みます。

この日のメニュー

・新米ごはん・大根の味噌汁
・ウスターカツ
・キャベツのグリーンレモン和え
・自家製なめ茸
・おかかみょうが

パンも好きですが、やっぱり不動の1位はごはんです。以前は「最後の晩餐は餃子」と答えていた私ですが、最近は「おにぎり」に訂正したいと思っています。例えば体調を崩して食欲がなくなっても、おにぎりだけは食べられるから不思議。しみじみ日本人だなと思う瞬間です。とは言え普段は、近所のお店で無農薬のお米を2キロずつ精米してもらい、土鍋蓄熱機能つきの炊飯器で早炊きモードをスイッチオン、至って手抜きなのです。そこで今回は基本の炊き方を教わりました。

土鍋のふたを開けたとたん「わー！」と歓声が上がる、新米が主役の食卓。カツもキャベツもたっぷり、山盛りです。

かがりさん曰く、米は洗うときに5～10％ほど、浸水時に20～30％ほど水分が入るのだそう。このときに、私たちが飲んでも「美味しい！」と感じる新鮮な水を使うのがポイント。そして浸水させたあと、いったんざるに上げてお米の重さを計り、それと同じ重さの量の水を注いで炊くのが正しい水加減だとか。

「このやり方を続けることで、その米の特徴や、自分の好みの炊き具合を発見できるんです。炊き上がったあと、水分を落ち着かせるため、おひつなどに移すと、より美味しくなります」とかがりさん。

炊き上がりのごはんは、さすがの味わい。けれど、う～ん、毎日この方式で炊くのは無理かなあ……と思いつつ、こういう美味しさを「知っておく」ことが大事ですよね。できること、できないこと、折り合いをつけながら今日の教えを取り入れていきたいと思います。

新鮮な水で洗い、しっかり浸水

お米を洗うとき、浸水させるとき、炊飯するときはそれぞれ、新鮮で清潔な水を使います。「自分が飲みたい水かを判断基準にしてイメージするといいですよ」とかがりさん。

浸水後の米を計量し、水加減する

半透明だった白米は浸水させると白濁します。この白濁したお米を計量して、同じ重さの水を加えて炊きます。白濁するまでの時間は品種や季節により違い、新米は30分程度。

充分に浸水したあとは、早炊きで

しっかり浸水させたあとは、炊飯器の早炊きモードにすると粒立ちのよい炊き上がりに。土鍋で炊くときは、沸騰してから10～15分程度炊いて、火を止めて5分ほど蒸らします。

1リットルに30gのいりこで水出汁を

お味噌汁の出汁は、いりこの水出汁を。冷蔵庫でひと晩置き、そのまま鍋へ（一番出汁）。残ったいりこに水800mlを加えひと晩置き、いりこごと煮出すと二番出汁になります。

※レシピは152ページ参照。

FLOWER LESSON AUTUMN

年々夏の暑さが厳しくなってきて、秋が心底待ち遠しくなります。
四季のある日本で暮らしていると、衣替えや体調管理が本当に大変です。
一年中過ごしやすい気候の国に移住したら、どんなに楽だろうと思ったりします。
でもきっと、お花見に蒸し蒸しする梅雨やスイカ割り、落ち葉の掃除や雪かき。
変化に富んだ一年のいろいろが、恋しくてたまらなくなるのでしょう。
秋が本格的に来る前に、去り行く夏に精一杯、手を振ることにします。

枝もの・実もので、秋の景色をつくる

右上・左上／本日の花材は、黒い実がなるヤマゴボウとブドウの蔓。余分な下葉を取り除き、生けやすく整えます。右下／洋梨や柿など旬の果実類も、花器のそばに置くと花生けを引き立てる名脇役に。左下／「頭で考えすぎず、とにかく手を動かすことが大事！」と恭子さん。一度で決めようとせず、「違うな」と思ったら何度でも挿し換えてみて、自分の気分にしっくりくるかたちを見つけていくのが大事だそうです。

社長就任の知人に届いたのは蘭、らん、ラン。20年前のギャラリーオープンにも、お祝いの花に囲まれました。こうなると「嬉しい」を通りこしてしまう己の身勝手さを反省しつつ、「花を贈るって、案外難しいことかもしれないな」と肝に銘じました。そして、花を飾ることも結構手間がかかることなんです。

毎日の水替えはもちろんのこと、咲き終わった花弁や傷んだ葉の掃除、少しずつ切り詰めて水上げが上手くいくよう、お世話が欠かせません。「わ〜ごめん、今朝は時間切れ」なんてことがあると、見事に水は濁ってヌルヌルしてしまう。特に枝ものには苦手意識がありましたが、秋の気配を玄関に取り入れたく、ここは師匠に指導を仰いでみました。

「秋は葉もの、枝ものが色も形もバリエーション豊富。それに実ものを合わせるとまとまりやすいんです」と恭子さん。

恭子さんのお手本を見たあとに完成した、私の花生け。苦手意識があった枝ものですが、新しい扉が開きました。

主役が分かりやすい花と違い、葉っぱがあっちへ向いたり、こっちに向いたり。枝ものは、どこに中心を持ってくればいいのか悩みます。

「枝を無理に自分が思う方向に揃えようとするのではなく、『この枝はどの方向に伸びたいのかな？』と、植物に気持ちを添わせてあげましょう。手にしたときに、すっとなじむ感じがする枝から始めてみてください」と恭子さん。

全方向に広げず、あえて少し固めるようにまとめてから、表情のある枝を挿してバランスをとる。引き締まる色味の枝を中心に持ち、そこへ少しずつ枝を重ねていく……アドバイスが的確です。

「自然にある風景を切り取ったかのような雰囲気に仕上がれば、大成功。紅葉しかけた葉はそれだけで表情があるので、たった2種の花材でも、すごく豊かな世界をつくることができるんですよ」

枝ものにはハサミを入れる

枝は斜めに切り、さらに十字に切り込みを入れてあげると、水を吸い上げやすくなるそう。水替えが頻繁にできない場合は、塩素系漂白剤を少しだけ加えると、菌の繁殖を防げるとか。

花器は枝の半分のサイズを選ぶ

枝ものというと、「大ぶりな花器が必要なのでは」と思う人も多いようですが、枝の長さの半分ほどの高さのサイズを目安に選ぶと、下がしっかり引き締まって見え、バランスよくまとまるそう。

花器の外も花生けに使って

花生けと言えば花器の中で完結するイメージですが、実ものを台の上にたらしたり、果実を周囲に置いてみたり。そこから少しはみ出す生け方も、この季節ならではの楽しみです。

落とした実や葉はトレーに飾る

枝を整える際に出た葉や実は、お皿やトレーの上にまとめて置けば、そこも小さな秋の風景に。空気が乾燥するこの季節、ドライになりやすく長く楽しめます。

お盆を迎える頃、待ちに待った
栃木「鈴木梨園」の梨リレーが
スタートします。
高台でたっぷりの日光を浴びて育った梨、
幸水に始まり、豊水、あきづき。
約1か月間のお楽しみです。
果物を食べない娘婿が、唯一好きという梨。
もちろんせっせと3階に届けます。

山形の「森の家」の一子相伝の里いも、
正式には「甚五《じんご》右エ《え》門芋《もんいも》」。
スタイリストの高橋みどりさんに教わってから、
毎年欠かさず取り寄せるように。
じっくり蒸して、お塩で食べます。
ホクホクよりもねっとり好きの私には
たまらない美味しさです。

娘がハロウィンのかぼちゃ、
ジャック・オー・ランタンを彫り始めたのは
大学生の頃ですから、かれこれ20年、
20個以上は彫っている計算です。
彼女がサンフランシスコにいたのは3歳まで。
それは盛大なお祭りでしたが、
そこにルーツがあるのでしょうか。
どんなに忙しくても、疲れていても、
かぼちゃ彫りは忘れないのです。
お兄ちゃんのお下がり服ばかりの孫娘も
この日ばかりはヒラヒラ、キラキラの
プリンセスの衣装です。

犬と暮らしていた頃、早朝散歩で
公園の雑草を抜く方たちの
グループによくお会いしました。
春には降り積もった桜の花びらを
回収する車がいて、
秋には大量の銀杏の落ち葉を
魔法のように片付けてくれる方がいる。
街はいろんな人たちのおかげで
きれいを保たれているのですよね。
「自分さえ良ければ」と思わずに、
両隣とお向かいさんあたりまで
ちょっとおせっかいに気にかける、
そんな街で暮らしたいなと思います。

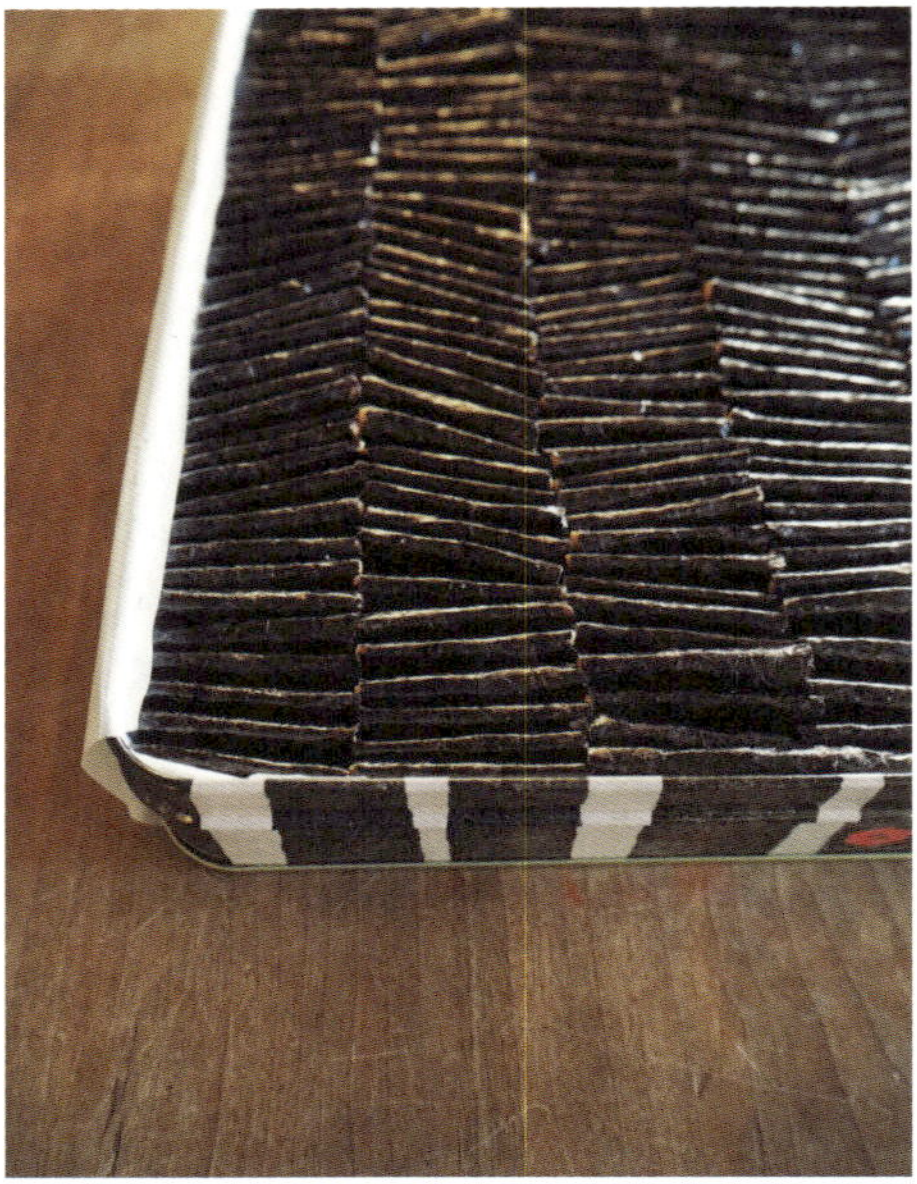

食欲にムラのある
孫たちの幼少期、
「お煎餅はごはん!」と
割り切りました。
東京・九段「さかぐち」の
「京にしき」は別格です。

金沢「浅田屋」の
「栗ご飯の素」は
気負わず季節を楽しめます。
皮をむく
余裕がない自分にも、
OKサイン。

スマホは電話とショートメール機能だけ、
スケジュールは紙の手帳に。
昭和の人間です。秋に来年の手帳を購入。
ずっと「モレスキン」を愛用しています。

花の命は短いものですが
特にダリアは潔く、
その花の瞬間を楽しみます。
長持ちしなくても、
それでもいいんです。

冬のスリッパはここ数年
「ハフリンガー」一択。
色やサイズが手に入りやすい
秋のうちに準備しておきます。

兵庫の「Le petit bleu」
森川みきこさんの季節を感じるお菓子。
オンライン発売予定のお知らせが
メールで届くと、
日時を付箋に書いて、目立つところに
貼っておきます。
はい、欲しいものはしっかり
手を伸ばし、手に入れます。
発送の連絡が来たら、食いしん坊たちに
招集メールです。

「さあ、始まるぞ」という朝の時間。
通勤通学、足早に駅に向かう人、
きびきびと配達する業者の人、
そんな清々しい空気も好きですが、
「今日も一日、いろいろあったな」
仕事を終えて、授業を終えて、
家に帰る夕暮れも、
何とも特別な時間です。
照明を灯し、くつろぎタイムの合図です。

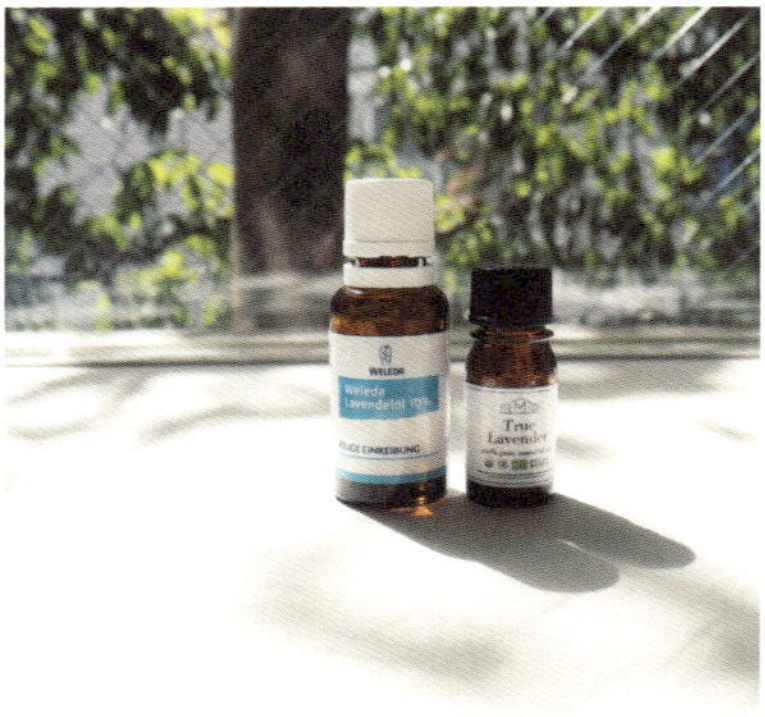

嗅覚は五感の中では唯一
感情や本能に関わる
大脳辺縁系に直接伝達されるとか。
いつも香りに助けられます。
秋の夜長、眠れないときは
ラベンダーの香りを。

細胞の深部まで潤うという
シートマスクの効果は絶大です。
顔はもちろん手足用も。
「エオラ」のハンドパック
「シンピュルテ」のシートマスク、
おすすめですよ。

世界中のお菓子を楽しめる
日本ってすごい国ですね。
熊本「udan」の古賀路恵さんが作る
バスクチーズケーキは
日を追うごとに味が深まります。
遠いバスク地方のお菓子も
スタンダードになりつつありますね。

マンションに住んでいたとき、
バルコニーで鉢植えを育てた経験から
蔓性植物の脅威を知っています。
だからクレマチスを楽しむのは
切り花が安心です。

COOKING LESSON WINTER

段取りや準備が大好きなので、
器選びや食卓の構成を考えるのは本当に楽しい。
しかもここ数年、食後の後片付けをすっかり夫が担当してくれるので、
のびのび多くのグラスや器を使っています。
あっという間に食べ終わる夫婦ふたりの食卓も、
友人たちと杯を重ねる数時間も
そこには料理と同じくらい楽しい会話が存在します。
「ああ美味しかった」と「楽しかった」は最高の喜びですね。

夫からのリクエスト、お出汁を味わうおでん

右上・右下／煮るうちに練りものからも味が出るので、美味しい練り製品を選ぶのも、おでん作りの大切なポイント。本日はかがりさんおすすめの「神茂」の製品を。鍋に湯を沸かし、しゃぶしゃぶ方式でさっと油抜きをします。左上／部屋に漂うおでんの匂いをかぎつけて、ターセンもやって来ました。「これは期待大！」　左下／「おでんには粉辛子をぜひ」とかがりさん。食べる直前に粉から練ることで風味も格段に違うとか。

この日のメニュー

- お出汁を味わうおでん
- 切り干し大根と帆立のサラダ
- 洋梨のマスカルポーネ白和え

おでんは夫の大好物。銀座の老舗にひとりで食べに行くほどです。ところが私はまったくおでんに興味がなく、「一生おでんを食べなくても生きていける」と思っています。それでも冬になれば、何度かおでんを献立にする主婦の悲しい性。ちくわぶたっぷりの小さなお鍋の夕飯です。「そんなに好きなら自分で作ればいいのに」と思いますが、そこだけはマメになれないよう。

そこで「丁寧に作るおでん」のレッスンをリクエストしてみました。

おでんの大根と言えば輪切りが定番ですが、かがりさんは「いろんな具をちょっとずつ食べたくありませんか？」と小ぶりなカットにしていたのが印象的でした。お出汁がどんどん減るので、やはり「多めに準備」が大切です。

かがりさんのおでんは、たっぷり準備した澄んだお出汁が主役です。

「出汁をにごらせないためには、具材それぞれに合わせた下準備が大事です。下ゆでをして、じっくり煮込む根菜やこんにゃく類、食べる直前に煮込む練り製品や厚揚げなど、適切に火を通し、最後に鍋中で合わせます。煮立たせないよう、あくまで火加減は弱めで」

今回出汁は、かがりさんおすすめの鯖《さば》節《ぶし》を使って引いてみました。上品でコクのある味わいは、これだけで贅沢なスープです。鍋は浅めで、おでん用の仕切り（127ページ左下参照）があると便利だとか。こんなアイテムがあるんですね。レッスンのあと、さっそくポチりました。

〆はほうじ茶で炊いた茶飯に出汁を注ぎ、黒こしょうをガリッと挽いたものを。体も心もじんわり温まり、大満足な食卓でした。早速復習しなきゃです。

味が染みにくい素材は下準備を

具材は「しっかり煮込むもの」「さっと煮るもの」に分け、味が染みるのに時間がかかる大根、こんにゃく、たこ、昆布、かぶなどは、先に煮ておいてから加えます。

出汁は多めに引いておく

おでんは具だけでなく出汁を味わうもの。そして具材を煮るときにも出汁は減ってしまうので、出汁はたっぷり引いておくのがポイント。少なくなったら継ぎ足していきます。

ふたをしないで、煮立たせない

澄んだお出汁はおでんのご馳走のひとつ。ふたをしてグツグツ煮ると、出汁がにごってしまうので、出汁が対流しないくらいの弱めの火加減で、ふたはしないで火を入れます。

味の仕上げは食卓でそれぞれに

基本的には薄味で仕上げ、調味料をたくさん用意して、好みの味で食べ進めてもらうように。練り辛子や柚子こしょう、一味唐辛子、黒こしょうなどがおすすめ。

※レシピは154ページ参照。

FLOWER LESSON WINTER

冬生まれですが、寒がりで冷え性です。
毎年気忙しい師走の誕生日が恨めしい私。
誕生石さえ、いちばん安価なトルコ石。
4月のダイヤモンドや7月のルビーが本当にうらやましいのです。
けれど、いつまでも変えられないことを言っていても仕方ありません。
そのぶん冬には気分が盛り上がるスイッチがいっぱい。
街のイルミネーションや孫たちへのクリスマスプレゼント、
準備とラッピングでご機嫌です。

針葉樹を使ったクリスマススワッグ作り

右上・左上／花屋で120㎝ほどある大きな枝を買い、40～60㎝ほどの束ねやすい枝に切り分けていきます。手元側は握りやすいように、細かな枝を落として。樹脂で手がベタつきますが、石鹸で洗えば大丈夫。右下／太めの輪ゴムをぐるぐる巻いて仮固定したあと、上から麻紐を巻き、ぶら下げられるようにします。最後にリボンを巻いて。左下／作る途中、何度か横から見てバランスを確認する恭子さん。いろんな方向から眺めるのがコツなのだそう。

11月に入るとウキウキソワソワ、街にもイルミネーションが飾られて、一気にクリスマス気分です。クリスマスは何と言っても、準備が楽しい。ツリーを出したりして、少しずつインテリアにもクリスマスを盛り込んでいきます。

今年のリースやスワッグは、誰に注文しようかな。もみの木やユーカリのいい香りに思わず深呼吸するような、モリモリグリーンが好みです。ブーケやアレンジには苦手意識があるけれど、今年は自分で作ってみようかな……。恭子さんとの出会いは、私をそんな気持ちにさせてくれました。

恭子さんが集めてくれた花材は、ユーカリ・ポプラス、ブルーアイス、ヒムロスギなどの針葉樹に、アクセントとなる実もののネズミモチ、ビバーナムティナスなど。あえて赤い実などは加えず、シックな色合わせです。

恭子さんの作品をお手本に完成したスワッグ。「少し大胆かな？」と思えた枝の反りも、逆に動きが出ていい感じ。クリスマス仕様ということで、ブラウンのベルベットのリボンを結び、玄関に飾ってみました。

「クリスマスというとリースを思い浮かべる人が多いですが、束ねるだけのスワッグは格段に手軽です。特に針葉樹のスワッグは、ラフに束ねても枝同士が支えあって形になりやすいし、雰囲気もつくりやすいのでおすすめです」と恭子さん。

やや太めの枝をベースにして、少しずつずらしながら枝を重ねていく。チラリと見せたい実ものをのせた上に、小ぶりな枝を重ね、バランスをとります。

「きちんとまとめすぎないほうが逆に勢いが出て、華やかな雰囲気になりますよ」

表情の違う針葉樹を2種以上合わせる

緑が濃いもの、シルバーがかったもの、葉が細やかなもの、大ぶりなもの……という風に、表情が違う針葉樹を2～3種合わせると、枝ものだけでも、動きと華やかさが生まれます。

手で握る部分を残し枝を準備する

スワッグ作りは片手で握りながら枝を重ねていくことで形を整えていきます。なので事前に枝を握りやすく整えておくと作業もラクチン。紐で縛るのもスムーズです。

束ねた横顔の表情をチェックして

スワッグは正面を見栄えよく束ねることが基本ですが、横から眺めた様子もチェックすると、きれいなだけではない「いい表情」に。束ねながら、手首を返して確認しましょう。

残った葉でオーナメント作りを

スワッグ作りの途中で出た小枝や葉は捨ててしまわず、クラフトワイヤーでぐるぐる巻いて、オーナメントにして飾るのがおすすめ。小さなクリスマス気分を味わえます。

「これはホンモノ？　ニセモノ？」と
孫からの質問。
11月になったら一緒に飾りつけする
ニセモノのモミの木。
サンタさん、来るといいね。

クリスマスカラーは
やっぱり赤。
最近人気が再燃している
シクラメンは
小ぶりなものを選びます。

いくらに似ている（？）
ヤドリギの実。
電飾みたいで可愛いです。
クリスマスを象徴する
植物ですよね。

花屋さんにあれば迷わず
買うのが、スイセンです。
白いニホンスイセンも、
黄色のラッパスイセンも大好きです。

元日にカートをオープンする
高知の「ろぼ農園」。
文旦の注文から、私の一年が
スタートします。
育て方、保存方法、全部昔のまま。
香り豊かで、甘味と酸味のバランスも
絶妙なのです。

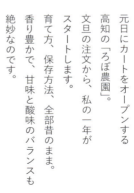

焚き火にキャンプファイヤー、
いつまでも火を眺めていられる夫と違い
私にはそういう嗜好はありません。
それでも薪ストーブの火の
快適さは格別です。
この季節はソファを動かして、
特等席を作ります。

子どもの頃にはなかったもの、
食べられなかったものが、
好物になったりしませんか。
ブルーチーズの美味しさを知ったのは
つい最近のこと。
「カオリーヌ菓子店」の
ブルーチーズのチーズケーキは
ワインにも合う大人の味わいです。

ひのきの鏡餅に黒米と赤米、
いつから使っているか
思い出せないほど古い
わが家のお正月セットです。
大晦日も元日も、
「いつも通り」がいい私の暮らしに
大袈裟なお飾りも
大掃除もおせちもありません。

清濁入り混じる世の中、
何かの力を借りて無病息災を
願わずにはいられません。
「お祓い箱」をお守りに。

わが家の玄関にいる
龍の置き物を、その年の
恵方に向きを変えるのは
節分の決まりごと。

字が読めて書けるようになる、
足し算や引き算ができるようになる。
わが身の子育てとはひと味違って
孫たちの成長を楽しんでいます。
もはや暗記している
「ぐりとぐらかるた」は
お正月以外にも大活躍。

「ぐりとぐらかるた」
中川李枝子 さく　山脇百合子 え　福音館書店 刊

1月6日のキリスト教の祝日に食べる
お菓子ガレット・デ・ロワは
ギャラリーをオープンする前のいろいろを
思い出しながら食べる、思い入れのあるお菓子。
ギャラリーフェブの「フェブ」は、
フランス語で「空豆」です。
切り分けた中にあったら、王様になれるものが
昔は空豆だったそうです。

そこに明かりが灯ったように感じる
ミモザのリース。
まだ寒さが残る中、黄色い花で
春を待つ気分は特別です。
まだまだ油断は禁物ですが、
ミモザの頃は街もどんどん春色が増え
何となく気持ちも浮き立ちます。

何事も続けることで上達します。
長年作り続けたミネストローネは
夫の十八番になり、
おすそ分けの気持ちで、パン屋の店頭にも
ときどきお出しししています。
採算度外視、タコ入りのスペシャルスープです。

ご近所の八百屋さんで買うスイセンは
なかなかのボリュームなのに、
可愛いお値段です。

「ようこそ」の
気持ちを込めて
玄関脇にはいつも
季節の草花を
植えています。

スティック状の
「cado」の布団乾燥機。
小さな家電の発明で
毎晩ふかふか、
ホカホカのお布団に
入れるのが嬉しい。

岩手にある
「瀬川りんご園」。
園主の伸さんはロッカーで
とても素敵なご夫婦です。

蕗のとうのいちばん好きな
食べ方は甘酢漬け。
蕗って名前の同級生が
いたのを思い出します。
いろんな思い出がよみがえる
ほろ苦い味わい。

美味しいお茶で
心をほぐす魔法を
習得するのが
目標のひとつです。

料理に合う器を
選ぶように、
買ってきた花に合う
花器を考えるのは
楽しいこと。
何事も失敗を恐れず
実践あるのみ。

季節の料理レシピ

料理レッスンで紹介した料理のレシピを紹介します。
季節の食材を使った料理はどれも作りやすくて、絶品。
ぜひチャレンジしてください。

本書のレシピについて
・大さじ1は15㎖、小さじ1は5㎖です。
・塩は精製していない自然塩を使用しています。
・加熱時間などは調理器具によって変わります。
レシピの時間を参考に、ご自分で加減してください。

春

p.24

・稲荷ずし

お揚げをきちんと油抜きすることで
冷たくなっても
口当たりがよくなります。
お揚げの味わいを生かすため
すし酢の量は少し控えめに。

材料（稲荷ずし12個＋筒状6本分）

油揚げ……6枚
A　出汁……300㎖
　酒……大さじ3
　きび砂糖……大さじ4
しょうゆ……大さじ3

〈酢めし〉
米……2合
昆布……10㎝角×1枚
すし酢（※）……大さじ2

①油揚げは両端の袋部分と中心の3枚に切り分け、袋を開ける。
②鍋に湯を沸かし、①をさっと湯通ししてざるに上げ、水気をきる。
③別の鍋にA、しょうゆ大さじ2と1/2を入れて中火にかけ、煮立ったら②を入れる。落としぶたをして弱火にし、5分ほど煮る。煮汁が均一になるよう、ときどきヘラなどで油揚げを上から押さえ、煮汁を出し入れして均一にするとよい。
④残りのしょうゆを鍋の中心に加え、煮汁が見えなくなるまで煮詰める。火を止め、冷ます。
⑤米を洗って浸水させ、米全体が白濁したらざるに上げ、鍋（または炊飯器）に入れる。浸水後の米と同量の水を注ぎ、昆布をのせ、中火にかける。煮立ったら弱火にし、10分炊く。火を止め、5分蒸らす（炊飯器の場合はそのまま炊く）。
⑥炊き上がった米を濡らした飯台に移し、すし酢をまわしかけ、全体に行き渡らせる（あまり混ぜすぎない）。
⑦⑥を35gずつくらいに分け、軽く握ってバットに並べる。
⑧汁気を軽くきった④に⑦を詰め、軽く握ってなじませる。袋状ではない油揚げは包丁で切って長方形にし、酢めし70gをのせ、ラップを使って海苔巻きのように筒状に丸め、食べやすく切る。

※**すし酢の作り方**
鍋に酢200㎖、グラニュー糖100g、塩20gを入れて火にかけ、砂糖と塩を煮溶かし、冷ます。清潔な保存容器に入れ、冷蔵庫で約半年保存可能。米1合に対し大さじ1が目安。

・コロコロサラダ

このサラダはでんぷん含有量の多い男爵や北あかりなどよりも粘質系のメークインがよく合います。熱々のうちに混ぜ、マヨネーズを変質させるのがポイントの料理です。

材料（4人分）
じゃがいも（メークイン）…… 400g（約中3個）
スナップえんどう …… 8本
グリンピース …… 50g（約15さや）
A マヨネーズ …… 大さじ1と1/2
　和辛子 …… 小さじ1と1/2〜2
塩 …… 適量

①じゃがいもは皮をむき、1.5cm角に切り、水にさらし、ざるに上げる。鍋にじゃがいも、かぶるくらいの水、塩少々を入れて中火にかける。ときどき串を刺し、火の通りを確認しながら、煮崩れないようやや硬めにゆでる。
②別の鍋で塩少々を加えた湯を沸かし、スナップえんどうは7〜8分、グリンピースは2分ほどゆでる。スナップえんどうは冷水に上げて色止めし、グリンピースはゆで汁に浸けておく。
③ボウルにAを入れ、混ぜる。ゆで上がった①を熱々のうちに加え、塩少々を加えて和える。
④スナップえんどうは3等分に切り、汁気をきったグリンピースとともに③に加え、和える。

・きんぴらごぼう

いったん煮てやわらかくしてから調味料で煮上げる作り方です。好みで山椒、青唐辛子などを加えても。

材料（作りやすい分量）
新ごぼう …… 200g（約3本分）
酒 …… 大さじ3
A きび砂糖 …… 大さじ2と1/2
　しょうゆ …… 大さじ1と1/2
ごま油 …… 大さじ1
黒七味 …… 小さじ1/8

①新ごぼうは表面の汚れを洗い流し、斜め薄切りにしてさらにせん切りにする。水を張ったボウルに入れてさらす。ボウルの水を捨て、水で洗い、ざるに上げる。
②鍋に①、酒、ひたひたの水を入れ、落としぶたをし、中火で煮る。ごぼうがやわらかく煮えたらいったん火から下ろす。
③Aを加え、落としぶたは外し、再び中火で煮る。煮汁が少なくなってきたら強火にし、しっかり煮汁を飛ばす。ごま油を入れてさっと混ぜ、火から下ろす。好みで黒七味を加え、混ぜる。

夏

p.44

・夏野菜のビビンバ

手に入りやすい旬の野菜や乾物をナムルにして数種準備し、好みでのせてビビンバに仕上げます。

材料（作りやすい分量）
野菜のナムル（下記参照）……適量
お揚げそぼろ（下記参照）……適量
ごはん……適量
ごま油……少々
葉野菜（えごま、サニーレタスなど）……適量

①ごはんにごま油をまわし入れ、混ぜる。
②器に①を盛り、野菜のナムル、お揚げそぼろをのせる。好みで葉野菜で巻いたり、肉味噌をつけたりしていただく。

■野菜のナムル

材料（作りやすい分量／約4人分）
切り干し大根……1袋（50g）
とうもろこし……1本
ズッキーニ……1本
おかひじき……1パック
三つ葉……1束
みょうが……3本
塩、きび砂糖、淡口しょうゆ、ごま油、韓国味噌、韓国唐辛子、白すりごま……各適量

①鍋にたっぷりの湯を沸かす。ボウルに切り干し大根を入れ、沸騰した湯をかぶるくらい注ぎ、20秒ほど置く。ざるに上げ、粗熱がとれたら水気を絞る。
②①の鍋に塩少々を加え、とうもろこしを3分ほどゆでる。引き上げたら熱いうちにラップで包み、余熱で火を入れる。粗熱がとれたら、包丁で実をそぐ。
③ズッキーニは輪切りにして②の鍋に入れ、20秒ほどゆでる。ざるに上げ、水気をしっかりきる。
④おかひじきは4cm長さに切って③の鍋に入れ、10秒ほどゆでる。ざるに上げ、水気をしっかりきる。
⑤三つ葉は4cm長さに切る。みょうがは薄い輪切りにし、水にさらし、水気をしっかりきる。
⑥それぞれの素材を調味する。切り干し大根は塩・ごま油。とうもろこしは塩・砂糖・ごま油。ズッキーニはすりごま・塩・砂糖・淡口しょうゆ。おかひじきは韓国味噌・ごま油。三つ葉は韓国唐辛子・ごま油。みょうがはごま油のみで和える。それぞれ5分ほど置き、味をなじませる。

■お揚げそぼろ

材料（作りやすい分量）
油揚げ…200g（約4枚）
白炒りごま……大さじ2
A にんにく油（※）……小さじ1/2～
　きび砂糖……小さじ1
　淡口しょうゆ……大さじ1
ごま油……大さじ1

①油揚げは1cm角に切る。
②すり鉢にごまを入れ、半ずりにする。①を加え、すりこぎですり混ぜる（フードプロセッサーで粗く砕いてもよ

い）。
③Aを加え、よく混ぜる。5分ほど置き、ごま油を加え、味を調える。

※にんにく油の作り方

にんにく（すりおろし）大さじ4、太白ごま油180mlを小鍋に入れ、弱火にかける。5分ほどゆっくり加熱し、色づく前に火から下ろす。清潔な保存容器に入れ、冷蔵庫で約1か月保存可能。

・黒こしょう肉味噌

ビビンバにかけるだけでなく麺類や野菜炒めに加えても。作っておくと便利な常備菜です。

材料（作りやすい分量）
合いびき肉……200g
米油……大さじ1
酒……100ml
A 赤味噌……大さじ1
　きび砂糖……大さじ1
　しょうゆ……大さじ1
ごま油……大さじ1
粗びき黒こしょう……大さじ1〜

①フライパンに米油を入れて中火で熱し、ひき肉を入れる。すぐに混ぜず、ほぐしていく。木べラなどで押し付けながら、ほぐしていく。裏面が焼けたら上下を返し、さらにほぐす。
②肉汁が透明になってきたら酒を加え、煮詰める。水分が半分くらいの量になったら合わせておいたAを加える。ひと煮立ちしたら火から下ろし（煮汁が残っているくらいでよい）、仕上げにごま油、黒こしょうを加える。
※粗熱がとれたら清潔な保存容器に入れ、冷蔵庫で3〜4日保存可能。

・いりこと豆もやしのスープ

口内のリセットにもなるさっぱりスープ。ビビンバにかけていただくのもおすすめ。

材料（4人分）
いりこ……20g
豆もやし……100g
にんにく（すりおろし）……小さじ1/3
A きび砂糖……小さじ1/2
　淡口しょうゆ……小さじ1
塩……適量

①容器にいりこ、水1ℓを入れ、冷蔵庫でひと晩置き、いりこ出汁をとる。
②鍋に①の水出しいりこ出汁を入れて中火にかけ、ひと煮立ちさせる。アクが出る場合は取り除く。豆もやし、にんにくを入れ、もやしに火が通るまで5分ほど煮る。Aを加え、味を調える。

秋

p.102

・新米ごはん

水分をよく含ませ、短時間で炊きます。
米の品種や季節によって
浸水時間や水の量を加減しましょう。

材料（作りやすい分量）
白米……2合

①米を洗って浸水させ（新米は30分〜）、米全体が白濁したらざるに上げ、鍋（または炊飯器）に入れる。浸水後の米と同量の水を加え、中火にかける。煮立ったら弱火にし、10分炊く。火を止め、5分蒸らす（炊飯器はそのまま炊く）。

・大根の味噌汁

根菜など加熱に時間がかかるものは
最初に少量の水で煮て、あとから
出汁を加えると風味よい仕上がりに。

材料（2人分）
大根……1/8本
出汁（※）……４００㎖
味噌……大さじ2

①大根は細めのせん切りにする。
②鍋に①、かぶるくらいの水を入れ、中火にかける。沸騰したら弱火にし、大根に火が通るまで煮る。
③出汁を加えて煮立ったら火を止め、味噌を溶き入れる。

※**出汁のとり方**
容器にいりこ30g、水１ℓを入れ、冷蔵庫でひと晩置く（一番出汁）。残ったいりこに８００㎖ほどの水を加え、さらに冷蔵庫でひと晩置く。具材とともに煮出し、味噌汁や煮物に活用する（二番出汁）。

・ウスターカツ

肉を叩いてのばし米粉パン粉を使うことで
クリスピーな食感に。

材料（2人分）
鶏むね肉……１枚（約２５０g）
黒こしょう……少々
小麦粉……大さじ4
米粉パン粉……１５０g
揚げ油、ウスターソース……各適量

①鶏むね肉はキッチンペーパーで水気を拭き、12等分にそぎ切りする。ラップをかぶせ、その上から麺棒で優しく均

一に叩きのばす。ラップをはがし、こしょうを振る。
②小麦粉を水大さじ4で溶く。①をくぐらせ、米粉パン粉をまぶす。
③揚げ油を180℃に熱し、こんがりと色づくまで揚げる。熱いうちに、ウスターソースをかける。

・キャベツのグリーンレモン和え

揚げ物に添えるキャベツはほんの少ししんなりさせ柑橘の酸味と少量の油を加えると食べ進めやすくなります。

材料（作りやすい分量）
キャベツ……1/2玉（約400g）
塩……小さじ1/2
グリーンレモン……1/2個
太白ごま油……小さじ2

①キャベツは流水で洗い、水気をよく拭く。芯を取り除き、せん切りにする。
②塩を振り、軽く混ぜて全体に行き渡らせ、そのまま5分ほど置く（水気が多く出たら、キッチンペーパーで拭く）。
③レモンを半分に切って軽く潰し、果汁を搾り入れる。ごま油を加え、混ぜ合わせる。

・自家製なめ茸

ごはんが進む常備菜も自家製ならたっぷり作れるのが嬉しい。味加減も好みで調整してください。

材料（作りやすい分量）
えのき茸……2株（正味約360g）
みりん……大さじ4
しょうゆ……大さじ4

①えのき茸は石突きを落とし、1.5㎝ほどの長さに切り、ほぐす。
②鍋にみりんを入れ中火にかけ、1分ほど煮立てる。しょうゆ、①を加え、全体に煮汁がまわり、とろみがつくまで3分ほど煮て、火を止める。
※粗熱がとれたら清潔な保存容器に入れ冷蔵庫で約1週間保存可能。

・おかかみょうが

出汁がらの削り節を活用してもOK。ごはんのお供に、ゆで野菜の和え衣や湯豆腐、冷奴のトッピングにも。

材料（作りやすい分量）
みょうが……3本
削り節……15g
A　みりん……大さじ1
　　しょうゆ……大さじ1

①みょうがは薄い輪切りにし、水に少々さらして洗い、水気をよくきる。
②鍋にAを入れて火にかけ、煮立ったら火から下ろし、削り節を加え、軽く混ぜる。
③食べる直前に、①、②を和える。

冬

p.124

・お出汁を味わうおでん

煮ているうちに出汁が減るので出汁を多めに準備するのがコツ。具材や調味料はお好みで。

材料（作りやすい分量）
出汁（お好みのもの）…… 2ℓ
（1ℓは煮込み用、残りは継ぎ足し用）
酒…… 50mℓ
淡口しょうゆ…… 大さじ2
塩…… 適量
〈具材〉
大根…1/3本
こんにゃく…… 1枚
結び昆布…… 5本
厚揚げ…… 1枚
練り製品…… 合わせて600gほど
たこ（刺身用）…… 2足
四方竹（水煮／あれば）…… 6〜8本
〈調味料〉
練り辛子、柚子こしょう、一味唐辛子、黒こしょうなど…… 各適量

①大根は皮をむき、好みの大きさに切り、面取りする。鍋に入れて水を注ぎ中火にかけ、沸騰したら弱火にして半透明になるまで下ゆでする。
②こんにゃくは好みの大きさに切って水洗いし、沸騰した湯で2分ほど下ゆでし、ざるに上げる。
③たこはひと口大に切る。鍋にたこ、日本酒50mℓ（分量外）、かぶるくらいの水を入れて中火にかけ、沸騰したら落としぶたをし、弱火にしてやわらかくなるまで煮る（途中水が少なくなってきたら足す）。
④大鍋に出汁1ℓ、酒を入れ、味が染みにくい①、②、結び昆布を加え、中火にかける。沸騰したら弱火にし、ふたをして、火が通りやわらかくなるまで煮る（この工程は前日に行ってもよい）。
⑤別の鍋に湯を沸かし、厚揚げ、練り製品をさっと湯通ししてざるに上げ、油抜きをする。
⑥④に淡口しょうゆを加え、出汁が減っていたら足し、③、⑤、四方竹を加える。ふたをせず、煮立たせないように20分ほど煮る。
⑦味見をして、塩で味を調える。時間があればいったん火を止めて冷まし、食べる直前に温め直すとよい。
※練り辛子、柚子こしょうなど好みの調味料でいただく。

・切り干し大根と帆立のサラダ

切り干し大根はあめ色になってない白いものがクセがなくおすすめ。練りわさびがマヨの風味に負けずアクセントになります。

材料（4人分）
切り干し大根……1袋（50g）
帆立水煮缶……1缶（80g）
A マヨネーズ……大さじ3
　淡口しょうゆ……小さじ1/2
塩……適量
練りわさび……適量

①ボウルに切り干し大根を入れて熱湯を注ぎ、1分ほど浸し、戻す。湯をきり、水気をしっかりきる。
②①が熱いうちに帆立缶を汁ごと加え、味をなじませる。帆立をほぐしすぎないようにさっと混ぜる。
③切り干し大根と帆立をボウルの脇に寄せ、空いた場所にAを入れ、全体を和える。味見をして、塩で味を調える。冷蔵庫に入れてしばらく冷やす。
④器に盛り、わさびを添える。

・洋梨のマスカルポーネ白和え

淡泊でクセのないマスカルポーネは和食によく合うチーズです。豆腐の代わりに白和えの和え衣に。りんごや柿など季節の果物でどうぞ。

材料（4人分）
洋梨（硬めのもの）……2個
A マスカルポーネチーズ……100g
　粗びき黒こしょう……適量
塩……ひとつまみ

①洋梨は皮と芯を取り除き、ひと口大に切る。
②ボウルにAを入れ混ぜる。①を加え、和える。冷やして食べると美味しい。

おわりに

本を作ると言うと、黙々とひとりで原稿を書く作業のように思われます。
もちろんそういう時間もありますが、
実は編集、カメラマン、デザイナーが一丸となってゴールを目指す共同作業なのです。
たとえ小説でも、資料集めや原稿の推敲やデザインなど
いろんな人とのチームワークでできています。

私の本の制作チームは大抵私が最年長で、年下の彼らはまさに働き盛り、
人生も悩みの多い時期真っ只中です。
このままこの仕事を続けていけるだろうか、夫のことや子どものこと、
自分や家族の健康など、仕事が終わるとだいたい、悩み相談の時間になります。

仕事のやり方もここ数年、「便利」と言われるものたちのせいで
スピードがどんどん速くなり、使い方に追いつくだけで、息切れしそうです。
サッカー合宿へ行った孫の様子も、何と動画で送られてきました。
みんな本当に忙しい一日一日を、必死にのり切っているのですね。

そんな彼らにとって、私は憧れのゆとりと安定を手に入れた生活者に見えるようです。
家が広くていいなあ、旦那さんが優しくていいなあ、
息子さんもお嬢さんもご活躍ですね……と憧れが膨らんで、弾けそうです。

でもね、外から見えるのはある一面だけ。私にも不安や葛藤、
ままならないモヤモヤがたくさんあるんですよ。みなさんと一緒です。
先日もだらだら背中から流れる汗に辟易しながら街を歩いていたら、
「引田さんはいつも涼しそうでいいわね」って……言われました。
以前だったらカチンと来たかもしれないその言葉、
ようやく「それはそれでいいのかな」と、思えるようにもなりました。
大変な自分がそう見えないのは、良かったことかもしれません。

「いいな」「こうなりたい」「こうしたい」とイメージするのは、実現への第一歩。
制限など忘れて、自由に無限にイメージするのは、誰の迷惑にもなりません。
そうやって自分の人生を、どんどん切り開いていきましょう。

この本は四季を通して皆様にお便りするような気持ちで作りました。
季節の料理と花の提案に、チームは大いに盛り上がりました。
やって良かったこと、食べて美味しかったもの、買って正解だったものなどなど
今回も惜しみなくお伝えできたと思います。
チームのみんなに本当に感謝です。

お届けした手紙が、何かのヒントやきっかけになれば嬉しいです。
どうぞ楽しく健やかな日々をお過ごしください。
皆様のしあわせを心から祈っています。

引田かおり

夫の引田ターセンと共に、2003年より東京・吉祥寺にある
「ギャラリー fève」とパン屋「ダンディゾン」を営む。
さまざまなジャンルの作り手と交流を深め、新しい魅力を引き出し、
世に提案していくことを大きな喜びとしている。
著書に『「どっちでもいい」をやめてみる』(ポプラ社)、
『たぶん だいじょうぶ』(大和書房)、
ターセンとの共著に『しあわせな二人』『二人のおうち』
『しあわせのつくり方』(すべてKADOKAWA)がある。

デザイン　渡部浩美
写真　濱津和貴
引田かおり(P36-40、P42-43、P56-64、P115、P116 下段、P117-119、P121-122、P123 下段、P136 上・下段、P137-138、P140-144 右上・下段、P145)
編集　田中のり子

料理協力　西本かがり
植物協力　久野恭子
ヘアメイク　枝村香織
校閲　円水社
DTP　三協美術

日々更新。　風通しよく年を重ねていくこと

2024年10月7日　第1刷発行

著者　引田かおり
発行者　加藤裕樹
編集　櫻岡美佳
発行所　株式会社ポプラ社
〒141-8210　東京都品川区西五反田3-5-8
JR目黒MARCビル12階
一般書ホームページ　www.webasta.jp
印刷・製本　中央精版印刷株式会社

Printed in Japan
ISBN 978-4-591-18344-1　N.D.C.914　159P　21cm

P8008474